쌩쌩한자 자격시험

한자 동요로 신나게 준비해요!

5급

시험 안내

(사)한자교육진흥회 주관, 한자실력급수 자격시험
(사)한자교육진흥회에서 주관하고 한국한자실력평가원에서 시행하는 국가 공인 한자 자격증 시험입니다.

◦ 시험 절차 ◦

한국한자실력평가원 홈페이지 바로가기 ▶

시험 접수하기

1년에 4회 있는 시험 일정을 한국한자실력평가원 홈페이지(https://hanja114.org)에서 확인하고 인터넷 또는 방문 접수합니다. 접수 후 수험표를 출력 또는 수령합니다.
· 한자 자격시험 문의: 02-3406-9111

시험 응시하기

수험표와 신분증, 필기구를 지참하고, 고사장에 20분 전에 입실합니다.
· 신분증: 학생증, 주민 등록증, 여권 등
· 필기구: 검정색 펜, 수정 테이프

합격 여부 확인하기

합격자 발표일에 인터넷 홈페이지에서 합격 여부를 확인하고 자격증을 수령(합격자 발표일로부터 3~10일)합니다.
· 인터넷 원서 접수자: 자격증 우편 수령
· 방문 원서 접수자: 자격증 접수처 수령

◦ 시험 요강 ◦

5급은 한자 300자, 교과서 한자어 117단어를 공부하여
60분 동안 100문제를 풀어서 70문제 이상 맞으면 합격입니다!

급수		교양 급수							공인 급수			
		8급	7급	6급	준5급	5급	준4급	4급	준3급	3급	2급	1급	사범
평가한자수	계	50자	120자	170자	250자	450자	700자	900자	1,350자	1,800자	2,300자	3,500자	5,000자
	선정한자	30자	50자	70자	150자	300자	500자	700자	1,000자	1,300자	2,300자	3,500자	5,000자
	교과서 한자어*	20자 (13단어)	70자 (43단어)	100자 (62단어)	100자 (62단어)	150자 (117단어)	200자 (139단어)	200자 (156단어)	350자 (305단어)	500자 (436단어)	500단어**	500단어**	고전 및 한시
문항 수		50	50	80	100	100	100	100	100	100	100	150	200
합격 기준(%)		70	70	70	70	70	70	70	70	70	70	70	80
시험 시간(분)		60	60	60	60	60	60	60	60	60	60	80	120

*3급 이하 교과서 한자어는 쓰기 문제가 출제되지 않습니다.   **1, 2급은 직업군별 실용 한자어입니다.

나만의 공부 계획

● 다음 진도를 참고하여 나만의 공부 계획을 세워 보세요.

구분		공부할 내용	차근차근 35일 완성	빠르게 16일 완성
5급 선정 한자	1/2	一二三四五六七八 / 九十百千萬半多少	1일	1일
	3/4	東西南北 前後 左右 / 上下 內外 遠近 方向		
	5/6	春夏秋冬 晝夜 朝夕 / 時間 古今 午昨 每年	2일	
	7	와우! 내 실력!		
	8/9	日月 太陽 土木 天地 / 火山 油田 玉石 金銀	3일	2일
	10/11	花草 竹林 根本 植樹 / 犬馬 牛羊 平野 高原		
	12/13	風水 江川 魚貝 海洋 / 靑色 淸明 綠黃 白光	4일	
	14	와우! 내 실력!		
	15/16	家族 父母 兄弟 血肉 / 祖孫 自己 姓名 李朴	5일	3일
	17/18	夫人 男女 童子 親友 / 軍士 農工 王民 各者		
	19/20	生命 死活 老病 身體 / 面目 耳口 手足 頭毛	6일	
	21	와우! 내 실력!		
	22/23	寸心 苦樂 感性 勇氣 / 正直 重大 空中 小信	7일	4일
	24/25	永有 無勝 消失 强弱 / 便利 安全 急速 不孝		
	26/27	分別 反省 幸運 對立 / 美行 記入 去來 開示	8일	
	28	와우! 내 실력!		
	29/30	登校 放學 出席 當番 / 讀書 習作 發表 功力	9일	5일
	31/32	問答 見聞 英才 育成 / 言語 文章 意圖 主題		
	33/34	同音 詩歌 漢字 部首 / 元始 先代 神話 在位	10일	
	35/36	物理 等號 敎科 / 와우! 내 실력!		
	37/38	堂室 窓門 電線 衣服 / 食事 米飮 果刀 韓藥	11일	6일
	39/40	交通 車路 步道 市場 / 住所 村里 郡邑 洞京		
	41/42	休業 和合 世界 愛國 / 禮度 形式 會計 共用	12일	
	43/44	新品 長短 第末 巾 / 와우! 내 실력!		

» 5급 교과서 한자어 진도는 다음 쪽에서 확인하세요!

구분		공부할 내용	차근차근 35일 완성	빠르게 16일 완성
5급 교과서 한자어	45/46	解決 討議 役割 根據 說得 態度 / 面談 選擇 尊重 便紙 廣告 肯定	13일	7일
	47/48	經驗 原因 結果 公演 文化財 / 文脈 固有語 標準語 慣用表現 俗談 時調	14일	
	49/50	背景 描寫 想像 轉學 餘韻 / 와우! 내 실력!	15일	
	51/52	勤勉 恭敬 妥協 社會 秩序 司法府 / 政治 自由 權利 參政權 選擧 投票	16일	8일
	53/54	經濟 稅金 收入 貯金 投資 輸出 / 歷史 統一 建國 獨立 團體 戰爭	17일	
	55/56	縮尺 傳統 分布 協同 博覽會 地球村 / 와우! 내 실력!	18일	
	57/58	自然 創意的 陸地 季節 氣溫 情報 / 環境 汚染 生態系 極微細 針葉樹 闊葉樹	19일	9일
	59/60	區分 適應 求愛行動 地層 巖石 地震 / 宇宙 太陽系 衛星 加熱 降水量 種類	20일	
	61/62	尖端 導體 半導體 工程 旅行 觀光客 / 와우! 내 실력!	21일	
	63/64	單位 角度 計算 規則 對應 約束 / 基準 分數 分類 比較 比率 比例式	22일	10일
	65/66	超過 以上 確率 家庭 端正 快適 / 樂器 合唱 微笑 曲線 聯想 印象	23일	
	67/68	餘暇 積極的 消極的 公共 障碍 / 와우! 내 실력!	24일	
5급 실전 문제	69~78	제1~10회 기출 및 예상 문제	25~34일	11~15일
	79	최종 모의시험	35일	16일

이 책의 차례

- 시험 안내 ··· 2
- 나만의 공부 계획 ··· 3
- 이 책의 구성과 특징 ·· 6

♪ 한자 도레미

1~7	수·위치·시간 한자 ································· 8
8~14	자연 한자 ·· 22
15~21	사람·신체 한자 ·································· 36
22~28	마음·상태·행동 한자 ······················· 50
29~36	학교 한자 ·· 64
37~44	생활·기타 한자 ·································· 80
45~50	국어 교과서 한자어 ··························· 96
51~56	도덕·사회 교과서 한자어 ················ 108
57~62	과학 교과서 한자어 ························ 120
63~68	수학·예체능 교과서 한자어 ············ 132

♪ 실력 띵똥땡

| 69~78 | 제1~10회 기출 및 예상 문제 ············ 148 |
| 79 | 최종 모의시험 안내 및 문제 ············· 178 |

- 정답 및 해설 ·· 183
- 준5급·5급 교과서 한자어 일람표 ················ 193
- 모바일 한자 카드 활용법 ···························· 199

이 책의 구성과 특징

● 한자 도레미

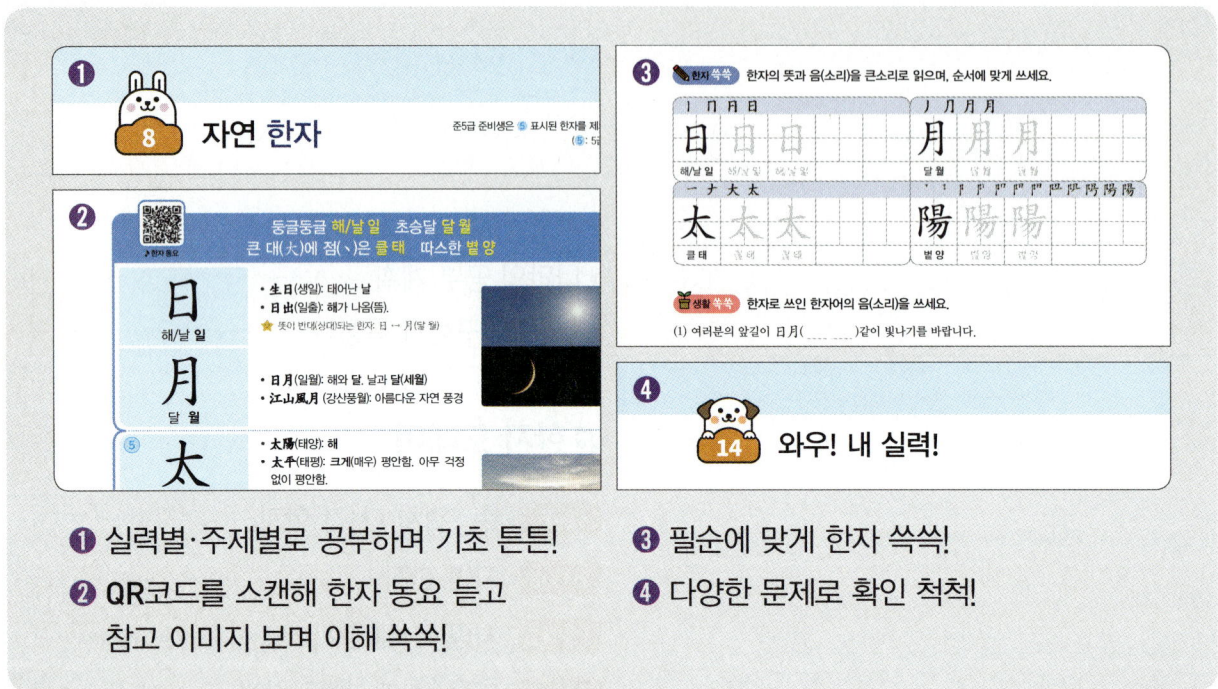

❶ 실력별·주제별로 공부하며 기초 튼튼!
❷ QR코드를 스캔해 한자 동요 듣고 참고 이미지 보며 이해 쏙쏙!
❸ 필순에 맞게 한자 쓱쓱!
❹ 다양한 문제로 확인 척척!

● 실력 띵똥땡

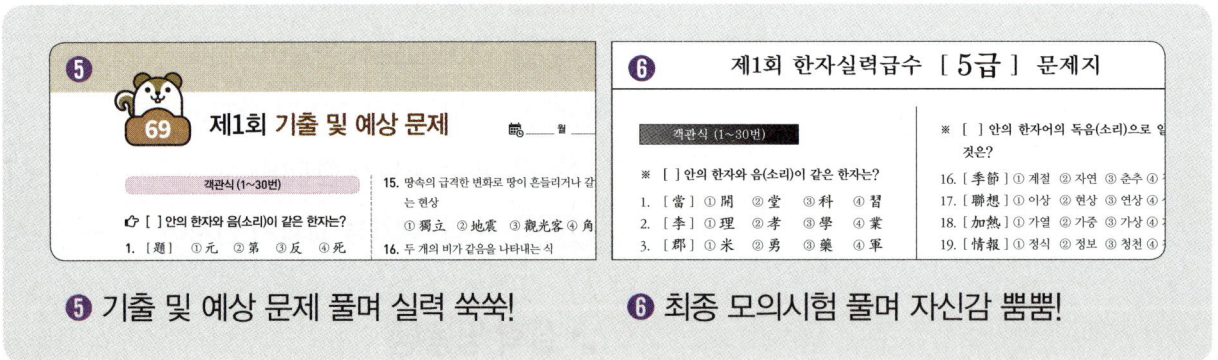

❺ 기출 및 예상 문제 풀며 실력 쑥쑥!
❻ 최종 모의시험 풀며 자신감 뿜뿜!

● 부록

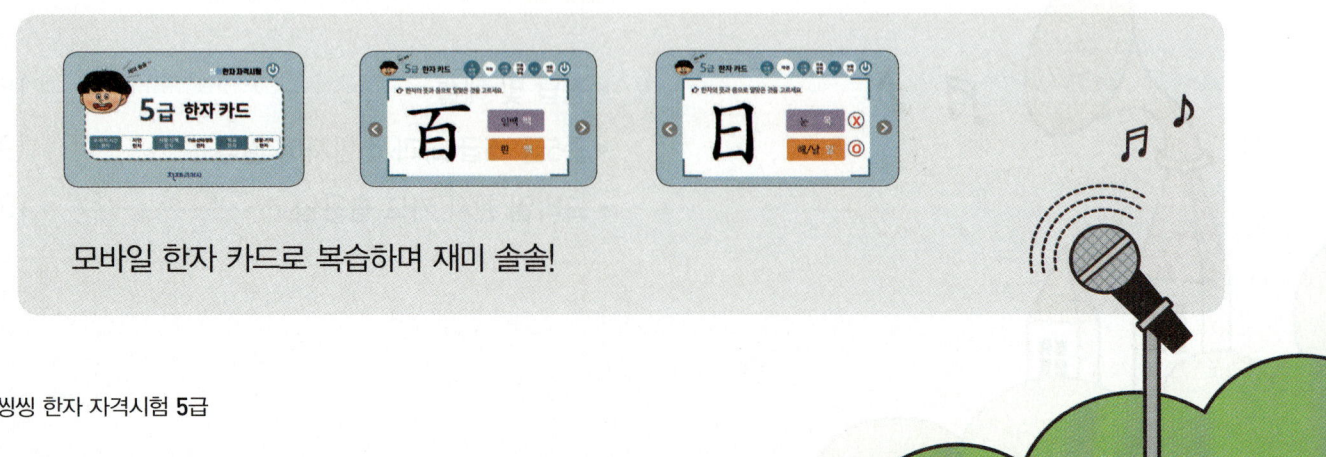

모바일 한자 카드로 복습하며 재미 솔솔!

5급
한자·한자어를 주제별로 익혀요

한자
도레미

- 5급 선정 한자
- 와우! 내 실력!

- 5급 교과서 한자어
- 와우! 내 실력!

1 수 한자

준5급 준비생은 ⑤ 표시된 한자를 제외하고 공부하세요.
(⑤ : 5급에 새로 나온 한자)

한 개 막대기 **한 일**   하나 올려서 **두 이**
세 개 척척 쌓은 **석 삼**   네모반듯 **넉 사**

♪한자동요

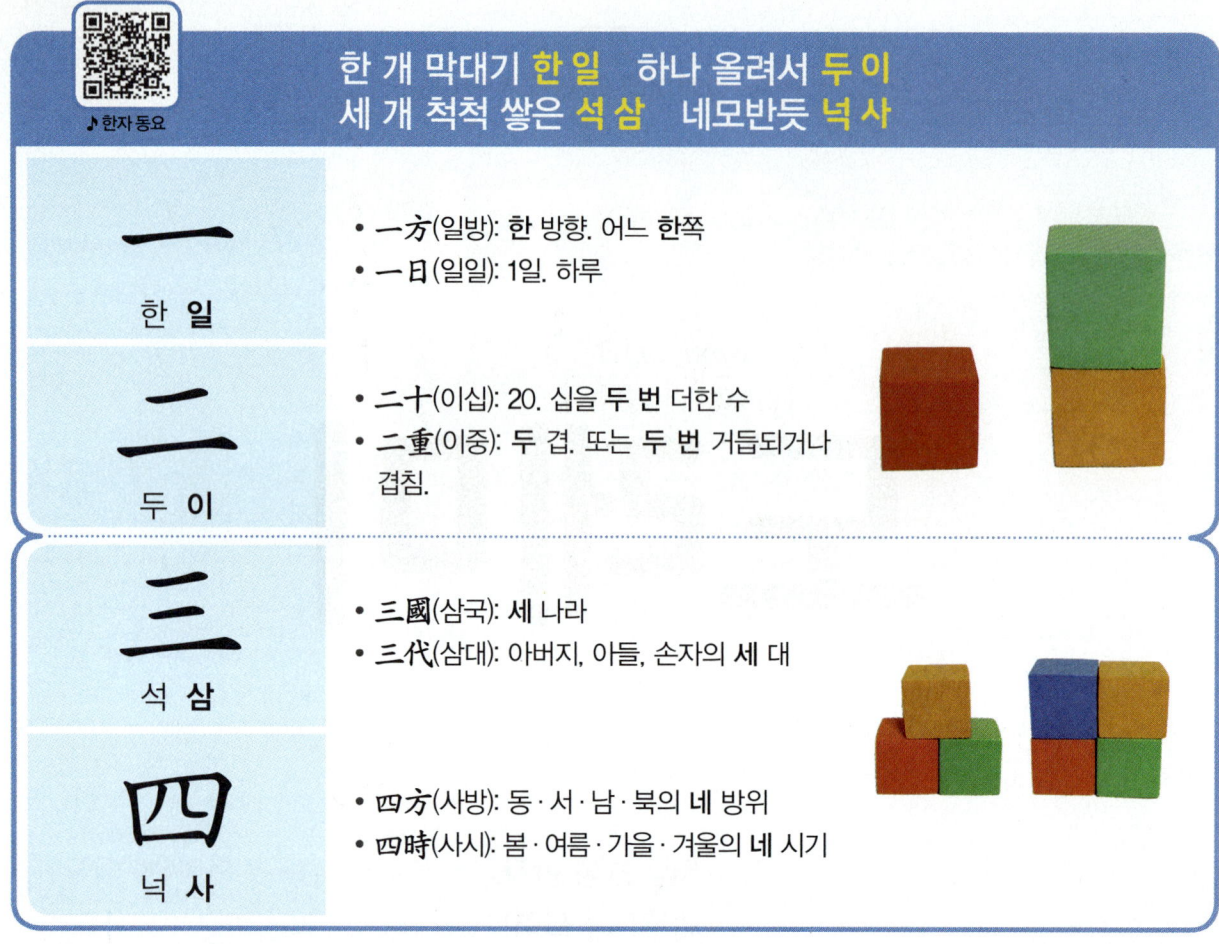

一 한 일	• 一方(일방): 한 방향. 어느 한쪽 • 一日(일일): 1일. 하루
二 두 이	• 二十(이십): 20. 십을 두 번 더한 수 • 二重(이중): 두 겹. 또는 두 번 거듭되거나 겹침.
三 석 삼	• 三國(삼국): 세 나라 • 三代(삼대): 아버지, 아들, 손자의 세 대
四 넉 사	• 四方(사방): 동·서·남·북의 네 방위 • 四時(사시): 봄·여름·가을·겨울의 네 시기

✏️ **한자 쏙쏙**   한자의 뜻과 음(소리)을 큰소리로 읽으며, 순서에 맞게 쓰세요.

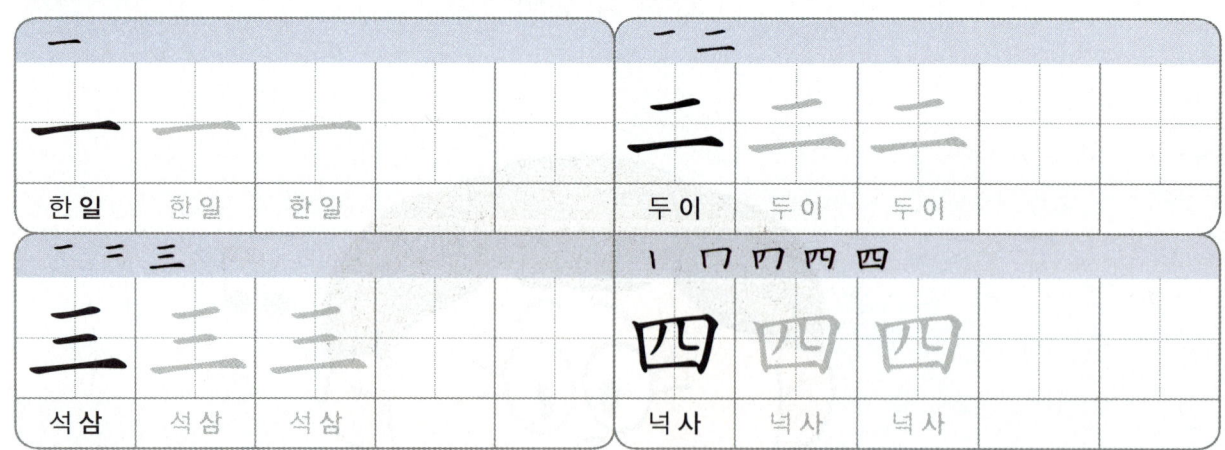

🌱 **생활 쏙쏙**   한자로 쓰인 한자어의 음(소리)을 쓰세요.

(1) 7세기 후반에 신라가 三國(___ 국)을 통일하였습니다.

(2) 종소리가 四方(___ 방)으로 울려 퍼집니다.

엇갈린 막대 **다섯 오**   셋과 셋 더해 **여섯 륙**
꺾인 열 십(十) 모양 **일곱 칠**   넷과 넷은 **여덟 팔**

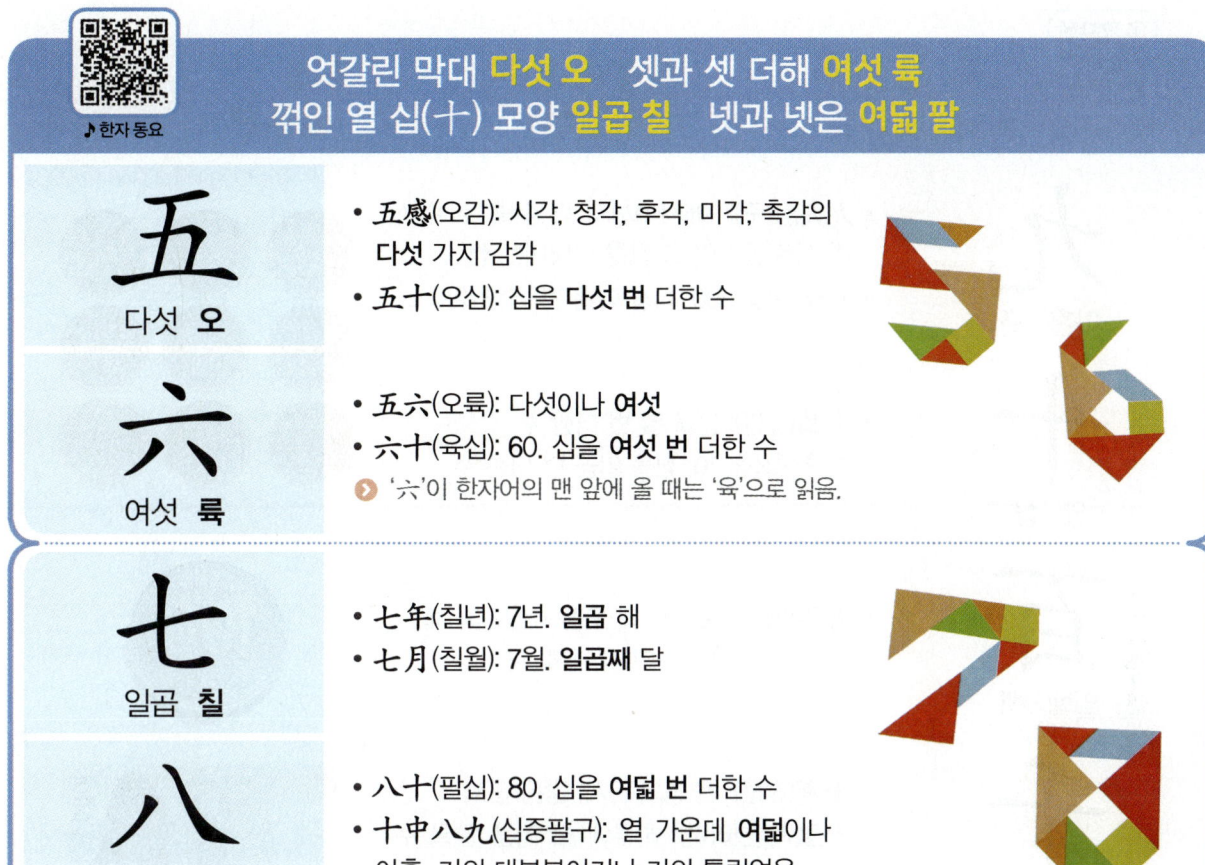

한자 쏙쏙 한자의 뜻과 음(소리)을 큰소리로 읽으며, 순서에 맞게 쓰세요.

생활 쏙쏙 한자로 쓰인 한자어의 음(소리)을 쓰세요.

(1) 사람보다 **五感**(___감)이 발달한 동물이 많이 있습니다.
(2) 허생은 공부를 시작한 지 **七年**(___년)만에 집을 나섰습니다.

2 수 한자

♪한자 동요

한 획에 고리 걸어 **아홉 구**　더하기 모양 **열 십**
선 아래 흰 백(白) 그려 **일백 백**　100의 열 배 **일천 천**

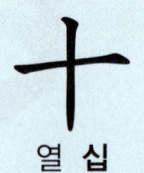
九 아홉 구

- 九九(구구): 1에서 9까지 각 수를 두 수끼리 서로 곱하여 그 값을 나타내는 셈
- 九十(구십): 90. 십을 **아홉 번** 더한 수

十 열 십

- 十萬(십만): 만을 **열 번** 더한 수
- 七十(칠십): 70. 십을 **일곱 번** 더한 수

百 일백 백

- 百年(백년): 100년. 꽤 오랜 세월이나 해
- 百花(백화): 100송이 꽃. 온갖 꽃

千 일천 천

- 千軍(천군): 천 명의 군사. 많은 군사
- 千里馬(천리마): 하루에 천 리를 달릴 수 있을 정도로 좋은 말

✏️ **한자 쏙쏙**　한자의 뜻과 음(소리)을 큰소리로 읽으며, 순서에 맞게 쓰세요.

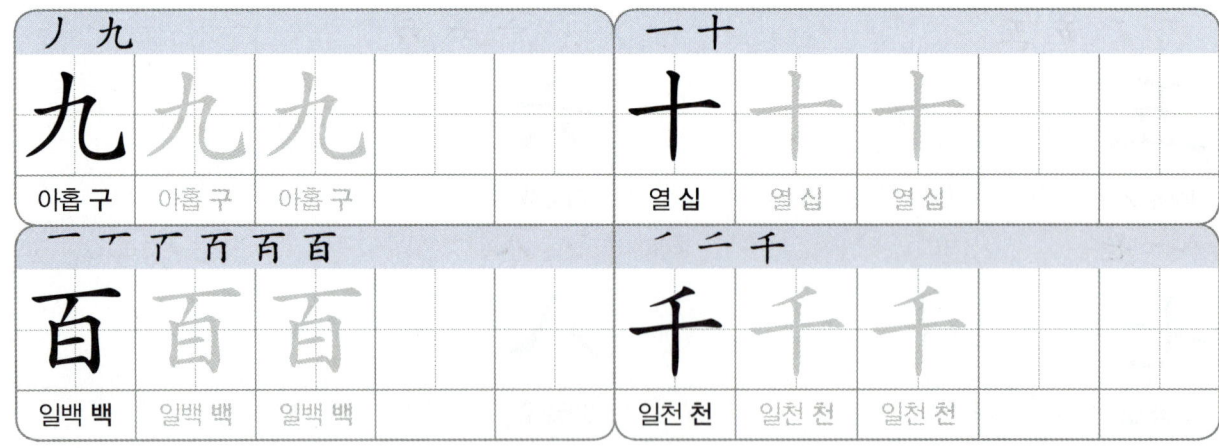

❗ 十: 가로와 세로가 겹칠 때는 가로를 먼저 씀.

🌱 **생활 쏙쏙**　한자로 쓰인 한자어의 음(소리)을 쓰세요.

(1) 시험에서 九十(___　___) 점을 받았습니다.

(2) 봄이 되니 동산에 百花(___ 화)가 만발하였습니다.

_____월 _____일

크고 많은 수 **일만 만**   반을 가르면 **절반 반**
모이고 모이면 **많을 다**   흩어지면 **적을 소**

萬 일만 만	• 萬物(만물): 만 가지 물건. 세상의 모든 물건 • 萬一(만일): 만에 하나. 혹시 있을지도 모르는 뜻밖의 경우	
半 절반 반	• 半年(반년): 한 해의 반. 6개월 • 後半(후반): 전체를 둘로 나눈 것의 뒤쪽 반	 만 원의 절반
多 많을 다	• 多事(다사): 일이 **많음**. • 多作(다작): 작품 따위를 **많이** 지어냄. ⭐ 뜻이 반대(상대)되는 한자: 多 ↔ 少(적을 소)	
少 적을 소	• 多少(다소): 많고 **적음**. 어느 정도로 • 少年(소년): **적은** 나이. 아직 완전히 성숙하지 아니한 **어린** 사내아이	

📝 **한자 쓱쓱** 한자의 뜻과 음(소리)을 큰소리로 읽으며, 순서에 맞게 쓰세요.

一十艹艹艹芍芍苗苗萬萬萬萬				ノソビ半半			
萬	萬	萬		半	半	半	
일만 만	일만 만	일만 만		절반 반	절반 반	절반 반	
ノクタタ多多				ノ小小少			
多	多	多		少	少	少	
많을 다	많을 다	많을 다		적을 소	적을 소	적을 소	

🌱 **생활 쏙쏙** 한자로 쓰인 한자어의 음(소리)을 쓰세요.

(1) 後半(후____) 종료 3분 전에 극적인 역전 골을 넣었습니다.
(2) 물건을 받아 보니 사진으로 볼 때와 多少(____ ____) 차이가 있었습니다.

3 위치 한자

♪한자 동요

해가 뜨는 곳 **동녘 동**   해가 지는 곳 **서녘 서**
나침반 S극은 **남녘 남**   N극은 **북녘 북**

東 동녘 동	• 東方(동방): 동쪽 • 東向(동향): 동쪽으로 향함.
西 서녘 서	• 東西(동서): 동쪽과 서쪽 • 西山(서산): 서쪽에 있는 산 ★ 뜻이 반대(상대)되는 한자: 西 ↔ 東(동녘 동)
南 남녘 남	• 南北(남북): 남쪽과 북쪽 • 南山(남산): 남쪽에 있는 산
北 북녘 북	• 北方(북방): 북쪽 지방 • 北上(북상): 북쪽을 향하여 올라감. ★ 뜻이 반대(상대)되는 한자: 北 ↔ 南(남녘 남)

📝 **한자 쑥쑥**   한자의 뜻과 음(소리)을 큰소리로 읽으며, 순서에 맞게 쓰세요.

🌱 **생활 쑥쑥**   한자로 쓰인 한자어의 음(소리)을 쓰세요.

(1) 해가 뉘엿뉘엿 西山(＿＿산)으로 지고 있습니다.

(2) 산줄기가 南北(＿＿＿＿)으로 아득하게 뻗쳐 있습니다.

향해 있는 쪽 **앞 전**   앞의 반대쪽 **뒤 후**
왼쪽을 가리키는 **왼 좌**   오른쪽은 **오른 우**

♪한자 동요

前 앞 전	• 事前(사전): 일이 일어나기 전 • 前後(전후): 앞뒤 ★ 뜻이 반대(상대)되는 한자: 前 ↔ 後(뒤 후)
⑤ 後 뒤 후	• 生後(생후): 태어난 뒤 • 前無後無(전무후무): 이전에도 없었고 이후로도(앞으로도) 없음.
左 왼 좌	• 同左(동좌): 왼쪽에 적힌 내용과 같음. • 左手(좌수): 왼손
右 오른 우	• 右方(우방): 오른쪽 • 左右(좌우): 왼쪽과 오른쪽 ★ 뜻이 반대(상대)되는 한자: 右 ↔ 左(왼 좌)

✏️ **한자 쏙쏙** 한자의 뜻과 음(소리)을 큰소리로 읽으며, 순서에 맞게 쓰세요.

` ` ` 亠 亠 广 亣 亣 前 前 前	` ` ` 彳 彳 彳 徏 徏 徉 後
前 앞 전	後 뒤 후

一 ナ 左 左 左	ノ ナ 大 右 右
左 왼 좌	右 오른 우

🌱 **생활 쏙쏙** 한자로 쓰인 한자어의 음(소리)을 쓰세요.

(1) 일의 *前後*(_____) 사정을 모두 설명하였습니다.
(2) 건널목을 건널 때는 *左右*(_____)를 살펴봅시다.

한자 도레미 13

4 위치 한자

♪한자동요

위로 올라가 **위 상**   아래로 내려와 **아래 하**
쏙쏙 들어가 **안 내**   쌩쌩 나가 **바깥 외**

上 위 상	• **地上**(지상): 땅 위 • **海上**(해상): 바다 위
下 아래 하	• **地下**(지하): 땅의 아래. 땅속 • **下向**(하향): 아래로 향함. ⭐ 뜻이 반대(상대)되는 한자: 下 ↔ 上(위 상)
內 안 내	• **內外**(내외): 안과 밖. 약간 덜하거나 넘음. • **室內**(실내): 방이나 건물의 안
外 바깥 외	• **外食**(외식): 밖에서 음식을 사 먹음. • **外出**(외출): 밖으로 나감. ⭐ 뜻이 반대(상대)되는 한자: 外 ↔ 內(안 내)

📝 **한자 쏙쏙** 한자의 뜻과 음(소리)을 큰소리로 읽으며, 순서에 맞게 쓰세요.

🌱 **생활 쏙쏙** 한자로 쓰인 한자어의 음(소리)을 쓰세요.

(1) 고개를 上下(_____)로 움직이며 스트레칭을 하였습니다.

(2) 건물 內外(_____)가 화려한 장식으로 뒤덮여 있었습니다.

📅 _____월 _____일

♪한자 동요

멀리 떨어져 **멀 원** 조금 떨어져 **가까울 근**
네모와 방향 **모 방** 나아가요 **향할 향**

⑤
遠
멀 원

- **遠近**(원근): 멀고 가까움.
- **遠心力**(원심력): 원운동을 하는 물체가 회전 중심에서 **멀어지려는** 힘

⑤
近
가까울 근

- **近方**(근방): **가까운** 곳
- **親近**(친근): 사이가 아주 **가까움**.
- ⭐ 뜻이 반대(상대)되는 한자: 近 ↔ 遠(멀 원)

멀다 / 가깝다

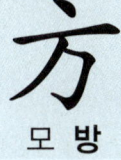
方
모 방

- **方向**(방향): 어떤 곳을 **향한** 쪽
- **方形**(방형): 네모반듯한 모양
- ▶ '方'은 '모', '방향', '방법' 등의 뜻이 있음.

向
향할 향

- **南向**(남향): 남쪽으로 **향함**.
- **向上**(향상): 위로 **향함**. 실력, 수준, 기술 따위가 나아짐.

✏️ **한자 쏙쏙** 한자의 뜻과 음(소리)을 큰소리로 읽으며, 순서에 맞게 쓰세요.

一十土土丰吉吉吉声袁袁遠遠遠
遠 遠 遠
멀 원 / 멀 원 / 멀 원

´ ㄏ ㄏ 斤 斤 沂 沂 近
近 近 近
가까울 근 / 가까울 근 / 가까울 근

` 一 亍 方
方 方 方
모 방 / 모 방 / 모 방

´ ´ 丫 冋 向 向
向 向 向
향할 향 / 향할 향 / 향할 향

🌱 **생활 쏙쏙** 한자로 쓰인 한자어의 음(소리)을 쓰세요.

(1) 그림에 遠近(_____)이 잘 표현되어 있습니다.
(2) 어느 方向(_____)으로 가야 할지 몰라 갈팡질팡하였습니다.

한자 도레미

5 시간 한자

♪한자동요

활짝 꽃 피는 **봄 춘**   뜨거운 태양 **여름 하**
벼가 무르익어 **가을 추**   눈 내리는 **겨울 동**

春 봄 춘
- 立春(입춘): **봄**에 들어섬. 이십사절기의 하나. 양력 2월 4일경
- 靑春(청춘): 푸른 **봄**. 인생의 젊은 나이나 시절

夏 여름 하
- 夏冬(하동): **여름**과 겨울
- 夏服(하복): **여름**철에 입는 옷

秋 가을 추
- 春秋(춘추): 봄과 **가을**. 한 해. 어른의 나이를 높여 이르는 말
- 一日三秋(일일삼추): 하루가 3년 같음. 몹시 지루하게 애태우며 기다림.

冬 겨울 동
- 冬服(동복): **겨울**철에 입는 옷
- 上冬(상동): 초**겨울**. 이른 **겨울**

한자 쓱쓱   한자의 뜻과 음(소리)을 큰소리로 읽으며, 순서에 맞게 쓰세요.

一 三 声 夫 夫 养 春 春
春 / 봄 춘

一 丆 丆 丆 百 百 頁 夏 夏
夏 / 여름 하

一 二 千 千 禾 禾 秒 秋 秋
秋 / 가을 추

丿 夂 夂 冬 冬
冬 / 겨울 동

생활 쏙쏙   한자로 쓰인 한자어의 음(소리)을 쓰세요.

(1) 할아버지의 春秋(_____)는 여든이십니다.

(2) 날씨가 더워져서 夏服(___복)을 입기 시작하였습니다.

● 정답 및 해설은 183쪽

📅 _____월 _____일

환하게 밝은 **낮 주**   캄캄한 어둠 **밤 야**
해님 떠오르는 **아침 조**   초승달 뜬 **저녁 석**

♪한자 동요

⑤ **晝** 낮 주
- **白晝**(백주): 대낮. 환히 밝은 낮
- **晝夜**(주야): 낮과 밤
⭐ 뜻이 반대(상대)되는 한자: 晝 ↔ 夜(밤 야)

⑤ **夜** 밤 야
- **夜間**(야간): 밤. 해가 진 뒤부터 먼동이 트기 전까지의 동안
- **夜行性**(야행성): 낮에는 쉬고 밤에 활동하는 동물의 습성

⑤ **朝** 아침 조
- **朝夕**(조석): 아침과 저녁
- **朝食**(조식): 아침밥
⭐ 뜻이 반대(상대)되는 한자: 朝 ↔ 夕(저녁 석)

夕 저녁 석
- **秋夕**(추석): 가을밤. 우리나라 명절의 하나. 음력 8월 15일
- **七夕**(칠석): 음력 7월 7일의 밤

✏️ **한자 쏙쏙** 한자의 뜻과 음(소리)을 큰소리로 읽으며, 순서에 맞게 쓰세요.

ㄱ ㅋ ㅋ ㅋ 尹 聿 聿 書 書 書 晝				､ 亠 广 广 广 夜 夜 夜			
晝	晝	晝		夜	夜	夜	
낮 주	낮 주	낮 주		밤 야	밤 야	밤 야	

一 十 十 古 古 古 直 卓 朝 朝 朝				ノ ク 夕			
朝	朝	朝		夕	夕	夕	
아침 조	아침 조	아침 조		저녁 석	저녁 석	저녁 석	

🌱 **생활 쏙쏙** 한자로 쓰인 한자어의 음(소리)을 쓰세요.

(1) 입시를 앞둔 형은 **晝夜**(_____)로 쉬지 않고 공부하였습니다.
(2) 아버지는 매일 조부모님께 **朝夕**(_____)으로 문안을 드립니다.

6 시간 한자

♪한자동요

똑딱 흘러가는 **때 시**   문틈 새로 해가 비쳐 **사이 간**
멀고 먼 옛날 **예 고**   바로 지금 **이제 금**

時 때 시
- **同時**(동시): 같은 때나 시기
- **時間**(시간): 어떤 **시각**에서 어떤 **시각**까지의 사이

間 사이 간
- **空間**(공간): 아무것도 없는 빈 곳
- **民間**(민간): 일반 백성들 사이

古 예 고
- **古今**(고금): 예전과 지금
- **古來**(고래): 예로부터 줄곧
- ★ 뜻이 반대(상대)되는 한자: 古 ↔ 今(이제 금)

今 이제 금
- **今日**(금일): 오늘. **지금** 지나가고 있는 이날
- **方今**(방금): 이제. 막. 말하고 있는 시점보다 바로 조금 전 또는 같은 때

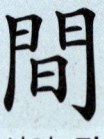 **한자 쏙쏙** 한자의 뜻과 음(소리)을 큰소리로 읽으며, 순서에 맞게 쓰세요.

ノ 冂 日 日 日- 日+ 時 時 時 時
時 時 時
때 시 / 때 시 / 때 시

ノ 冂 冂 尸 尸 門 門 門 門 閂 間 間
間 間 間
사이 간 / 사이 간 / 사이 간

一 十 十 古 古
古 古 古
예 고 / 예 고 / 예 고

ノ 人 亼 今
今 今 今
이제 금 / 이제 금 / 이제 금

 **생활 쏙쏙** 한자로 쓰인 한자어의 음(소리)을 쓰세요.

(1) 눈 깜짝할 새 **時間**(_____)이 흘렀습니다.

(2) 그는 **古今**(_____)을 통틀어 가장 위대한 철학자로 평가받습니다.

> 정답 및 해설은 **183**쪽

📅 _____월 _____일

♪ 한자동요

해가 머리 위에 **낮 오**　오늘의 바로 전날 **어제 작**
하나하나 모든 시간 **매양 매**　열두 달은 **해 년**

午
낮 오

- 午前(오전): 정오 이전의 시간
- 正午(정오): 낮 12시

⑤ 昨
어제 작

- 昨今(작금): 어제와 오늘
- 昨年(작년): 지난해

每
매양 매

- 每日(매일): 각각의 나날. 하루하루마다
- 每番(매번): 각각의 차례. 번번이

年
해 년

- 來年(내년): 올해의 바로 다음 해
- 每年(매년): 한 해 한 해. 해마다

🖉 **한자 쏙쏙**　한자의 뜻과 음(소리)을 큰소리로 읽으며, 순서에 맞게 쓰세요.

ノ ト 上 午					ㅣ 刀 月 日 日 昨 昨 昨 昨			
午	午	午		昨	昨	昨	
낮 오	낮 오	낮 오		어제 작	어제 작	어제 작	

ノ ト 二 年 年 每 每				ノ ト 二 牛 노 年			
每	每	每		年	年	年	
매양 매	매양 매	매양 매		해 년	해 년	해 년	

🌱 **생활 쏙쏙**　한자로 쓰인 한자어의 음(소리)을 쓰세요.

(1) 午前(____ 전) 부터 내리던 비는 오후가 되자 서서히 그쳤습니다.
(2) 每年(____ ____) 가을이 되면 독감 예방 주사를 맞습니다.

한자 도레미　**19**

7 와우! 내 실력!

1 [가로 열쇠]와 [세로 열쇠]를 참고하여 빈칸에 들어갈 한자를 쓰세요.

①㉠	年		㉡ 古
夕		② 昨	
	㉢ 南		
	③	上	

🔑 **가로 열쇠**
① 7년. 일곱 해
② 어제와 오늘
③ 위로 향함.

🔑 **세로 열쇠**
㉠ 음력 7월 7일의 밤
㉡ 예전과 지금
㉢ 남쪽으로 향함.

2 [ ] 안의 한자의 뜻으로 알맞은 것을 골라 번호를 쓰세요.

(1) [間]　① 때　② 사이　③ 매양　④ 이제　(　　)
(2) [上]　① 위　② 아래　③ 왼쪽　④ 오른쪽　(　　)
(3) [千]　① 열　② 일백　③ 일천　④ 일만　(　　)

3 [ ] 안의 한자와 뜻이 반대(상대)되는 한자를 골라 번호를 쓰세요.

(1) [內]　① 二　② 八　③ 六　④ 外　(　　)
(2) [近]　① 晝　② 東　③ 遠　④ 五　(　　)
(3) [多]　① 朝　② 百　③ 前　④ 少　(　　)

4 보기 의 단어들과 관련이 깊은 한자를 골라 번호를 쓰세요. (   )

보기
더위   수박   방학

① 夏   ② 九   ③ 左   ④ 夜

5 한자의 훈(뜻)과 음(소리)을 쓰세요.

(1) 五 (   )   (2) 右 (   )
(3) 時 (   )   (4) 方 (   )
(5) 年 (   )   (6) 半 (   )

6 ○ 안에 공통으로 들어갈 한자를 보기 에서 찾아 쓰세요.

보기
夕   後   每   午   四

(1) ○前   ○後   正○   (   )
(2) 前○   生○   ○半   (   )
(3) 七○   朝○   秋○   (   )

7 보기 의 내용에 맞게 ○ 안에 적당한 한자를 넣어 한자성어를 완성하세요.

보기
동쪽·서쪽·남쪽·북쪽이라는 뜻으로, 모든 방향을 이르는 말

• 東○南北   (   )

8 자연 한자

준5급 준비생은 ⑤ 표시된 한자를 제외하고 공부하세요.
(⑤: 5급에 새로 나온 한자)

둥글둥글 **해/날 일**   초승달 **달 월**
큰 대(大)에 점(丶)은 **클 태**   따스한 **볕 양**

日 해/날 일	• 生日(생일): 태어난 날 • 日出(일출): 해가 나옴(뜸). ★ 뜻이 반대(상대)되는 한자: 日 ↔ 月(달 월)
月 달 월	• 日月(일월): 해와 달. 날과 달(세월) • 江山風月 (강산풍월): 강과 산, 맑은 바람과 밝은 달. 아름다운 자연 풍경
⑤ 太 클 태	• 太陽(태양): 해 • 太平(태평): 크게(매우) 평안함. 아무 걱정 없이 평안함. ★ 뜻이 같거나 비슷한 한자: 太 ≒ 大(큰 대)
⑤ 陽 볕 양	• 夕陽(석양): 저녁때의 (저무는) 햇빛(해) • 陽地(양지): 볕이 바로 드는 곳 ▶ '볕'은 '해가 내리쬐는 기운'을 뜻함.

✏️ **한자 쏙쏙** 한자의 뜻과 음(소리)을 큰소리로 읽으며, 순서에 맞게 쓰세요.

🌱 **생활 쏙쏙** 한자로 쓰인 한자어의 음(소리)을 쓰세요.

(1) 여러분의 앞길이 日月(_____)같이 빛나기를 바랍니다.
(2) 동쪽 하늘에 눈부신 太陽(_____)이 떠올랐습니다.

소복소복 **흙 토**   쭉쭉 뻗은 **나무 목**
푸르른 **하늘 천**   흙이 있는 **땅 지**

♪ 한자 동요

흙 토

- **土地**(토지): 경지나 주거지 따위의 사람의 생활과 활동에 이용하는 **땅**
- **黃土**(황토): 누렇고 거무스름한 **흙**

나무 목

- **木石**(목석): 나무와 돌. 나무나 돌처럼 아무런 감정도 없는 사람
- **木手**(목수): 나무를 다루어 물건을 만드는 사람

하늘 천

- **中天**(중천): **하늘**의 한가운데
- **天下**(천하): **하늘** 아래 온 세상
- ★ 뜻이 반대(상대)되는 한자: 天 ↔ 地(땅 지)

땅 지

- **地上**(지상): **땅**의 위
- **天地**(천지): 하늘과 **땅**

한자 쓱쓱   한자의 뜻과 음(소리)을 큰소리로 읽으며, 순서에 맞게 쓰세요.

一 十 土
土 / 土 / 土
흙 토 / 흙 토 / 흙 토

一 十 才 木
木 / 木 / 木
나무 목 / 나무 목 / 나무 목

一 二 于 天
天 / 天 / 天
하늘 천 / 하늘 천 / 하늘 천

一 十 土 坩 圳 地
地 / 地 / 地
땅 지 / 땅 지 / 땅 지

생활 쓱쓱   한자로 쓰인 한자어의 음(소리)을 쓰세요.

(1) 이곳은 집을 짓기 위한 **土木**(_____) 공사가 한창입니다.

(2) 새하얀 눈이 온 **天地**(_____)를 덮었습니다.

9 자연 한자

♪ 한자 동요

불이 활활 **불 화**   세 봉우리 **메 산**
미끌미끌 **기름 유**   농사짓는 **밭 전**

火 불 화
- 發火(발화): 불이 일어남.
- 放火(방화): 일부러 불을 지름.
- ⭐ 뜻이 반대(상대)되는 한자: 火 ↔ 水(물 수)

山 메 산
- 山村(산촌): 산속에 있는 마을
- 火山(화산): 불(땅속 가스나 용암)이 땅을 뚫고 터져 나와 생긴 산

⑤ **油** 기름 유
- 石油(석유): 땅속에서 나는 기름
- 原油(원유): 땅속에서 뽑아낸 원래 그대로의 기름

⑤ **田** 밭 전
- 山田(산전): 산에 있는 밭
- 油田(유전): 석유가 나는 곳. 기름밭

✏️ **한자 쓱쓱**   한자의 뜻과 음(소리)을 큰소리로 읽으며, 순서에 맞게 쓰세요.

丶 丷 火 火				
火	火	火		
불 화	불 화	불 화		

ㅣ 凵 山				
山	山	山		
메 산	메 산	메 산		

丶 丶 氵 氵 汩 油 油				
油	油	油		
기름 유	기름 유	기름 유		

ㅣ 冂 日 田 田				
田	田	田		
밭 전	밭 전	밭 전		

🌱 **생활 쓱쓱**   한자로 쓰인 한자어의 음(소리)을 쓰세요.

(1) 백두산 천지는 火山(_____)이 폭발하면서 만들어진 호수입니다.

(2) 중동 지역에는 油田(_____)이 많습니다.

맑고 푸른 **구슬 옥**   단단한 **돌 석**
번쩍번쩍 **쇠 금 / 성 김**   은빛 나는 **은 은**

玉 (구슬 옥)	• 白玉(백옥): 흰 옥 • 玉體(옥체): 옥같이 아름다운 몸
石 (돌 석)	• 石工(석공): 돌을 다루어 물건을 만드는 사람 • 玉石(옥석): 옥이 들어 있는 돌
金 (쇠 금 / 성 김)	• 金九(김구): 독립운동가·정치가 김구(1876~1949) • 黃金(황금): 누런빛의 금 ▶ '金'은 '쇠'의 뜻일 때는 '금'으로, '사람 성씨'의 뜻일 때는 '김'으로 읽음.
銀 (은 은)	• 金銀(금은): 금과 은 • 銀色(은색): 은빛

한자 쏙쏙 한자의 뜻과 음(소리)을 큰소리로 읽으며, 순서에 맞게 쓰세요.

一 = 干 王 玉
玉 玉 玉
구슬 옥 / 구슬 옥 / 구슬 옥

一 丆 石 石 石
石 石 石
돌 석 / 돌 석 / 돌 석

丿 人 𠆢 亼 仐 余 金 金
金 金 金
쇠 금 / 성 김

丿 人 𠆢 亼 仐 余 金 釒 釘 鉅 鈩 銀
銀 銀 銀
은 은

생활 쏙쏙 한자로 쓰인 한자어의 음(소리)을 쓰세요.

(1) 玉石(_____)도 닦아야 빛이 납니다.
(2) 우리는 해적들이 감추어 둔 金銀(_____)보화를 찾아냈습니다.

10 자연 한자

향기 솔솔 **꽃 화**   파릇파릇 **풀 초**
곧게 쭉쭉 **대 죽**   나무 모여 **수풀 림**

⑤ 花 꽃 화
- 開花(개화): 꽃이 핌.
- 花朝月夕(화조월석): 꽃 피는 아침과 달 밝은 밤. 경치가 좋은 시절을 이르는 말

草 풀 초
- 草原(초원): 풀이 나 있는 들판
- 花草(화초): 꽃과 풀. 식물을 통틀어 이르는 말

⑤ 竹 대 죽
- 竹刀(죽도): 대나무로 만든 칼
- 竹林(죽림): 대나무로 이루어진 숲

林 수풀 림
- 山林(산림): 산과 숲. 또는 산에 있는 숲
- 林野(임야): 숲과 들을 아울러 이르는 말

한자 쏙쏙
한자의 뜻과 음(소리)을 큰소리로 읽으며, 순서에 맞게 쓰세요.

一 十 ナ ナ 花 花 花	一 十 ナ ナ 世 世 昔 草 草
花 花 花	草 草 草
꽃 화	풀 초

ノ ト ト ト 竹 竹	一 十 オ オ 林 林 林
竹 竹 竹	林 林 林
대 죽	수풀 림

생활 쏙쏙
한자로 쓰인 한자어의 음(소리)을 쓰세요.

(1) 우리 집 정원에는 花草(_____)가 만발합니다.

(2) 竹林(_____)에 들어서자 시원한 바람이 불었습니다.

나무의 발 **뿌리 근**　나무뿌리 **근본 본**
나무 곧게 **심을 식**　여러 모양 **나무 수**

♪한자 동요

⑤ **根** 뿌리 근
- **根**性(근성): 태어날 때부터 지니고 있는 **근**본적인 성질
- 毛**根**(모근): 털**뿌리**

本 근본 본
- **根本**(근본): 초목의 **뿌리**. 사물의 **본**질이나 **본**바탕
- **本**性(본성): 사람이 **본**디부터 가진 성질

植 심을 식
- **植**物(식물): **심**겨진 살아 있는 물체
- **植**木日(식목일): 나무를 많이 **심**고 아껴 가꾸도록 권장하는 날. 4월 5일

⑤ **樹** 나무 수
- **樹**木(수목): 살아 있는 **나무**
- **植樹**(식수): **나무**를 심음. 또는 심은 **나무**
- ★ 뜻이 같거나 비슷한 한자: 樹 ≒ 木(나무 목)

📝 **한자 쏙쏙**　한자의 뜻과 음(소리)을 큰소리로 읽으며, 순서에 맞게 쓰세요.

一 十 才 木 杧 杧 杧 柑 根 根	一 十 才 木 本
根 根 根	本 本 本
뿌리 근　뿌리 근　뿌리 근	근본 본　근본 본　근본 본

一 十 才 木 木 杧 柿 柿 植 植	一 才 木 杧 杧 杧 桔 桔 植 楂 樹 樹
植 植 植	樹 樹 樹
심을 식　심을 식　심을 식	나무 수　나무 수　나무 수

🌱 **생활 쏙쏙**　한자로 쓰인 한자어의 음(소리)을 쓰세요.

(1) 각종 환경 오염에 대한 **根本**(　　　　) 대책이 필요합니다.

(2) 식목일에 전교생이 학교 뒷산으로 **植樹**(　　　　)를 나갔습니다.

11 자연 한자

멍멍 짖어 **개 견**   히힝 히힝 **말 마**
음매 음매 **소 우**   메 메 **양 양**

犬 개 견	• 軍犬(군견): 군사적 목적을 위해 특별한 훈련을 시킨 개 • 愛犬(애견): 개를 귀여워함. 또는 그 개
馬 말 마	• 犬馬(견마): 개나 말을 아울러 이르는 말 • 馬耳東風(마이동풍): 동풍이 말의 귀를 스쳐 감. 남의 말을 귀담아듣지 않음.
牛 소 우	• 牛馬(우마): 소와 말 • 韓牛(한우): 한국 소
羊 양 양	• 白羊(백양): 털빛이 흰 양 • 牛羊(우양): 소와 양

한자 쓱쓱 한자의 뜻과 음(소리)을 큰소리로 읽으며, 순서에 맞게 쓰세요.

! 犬: '太(클 태)'와 혼동하지 않도록 주의함.

생활 쓱쓱 한자로 쓰인 한자어의 음(소리)을 쓰세요.

(1) 당신을 위해서 犬馬(_____ _____)의 노력을 다하겠습니다.
(2) 저 멀리서 목동이 牛羊(_____ _____)을 몰고 옵니다.

> 정답 및 해설은 183쪽

📅 _____ 월 _____ 일

♪한자 동요

한 일(一)처럼 **평평할 평** 넓게 트인 **들 야**
하늘 높이 **높을 고** 완만하게 **언덕 원**

平 평평할 평	• 平野(평야): 평평하고 너른 들 • 平地(평지): 평평한 땅	
⑤ 野 들 야	• 野山(야산): 들 가까이의 나지막한 산 • 野外(야외): 도시 지역에서 조금 떨어져 있는 들판	
⑤ 高 높을 고	• 高山(고산): 높은 산 • 高位(고위): 높고 귀한 위치나 자리	
⑤ 原 언덕/근본 원	• 高原(고원): 높고 넓은 벌판 • 原理(원리): 사물의 근본이 되는 이치	

✏️ **한자 쏙쏙** 한자의 뜻과 음(소리)을 큰소리로 읽으며, 순서에 맞게 쓰세요.

一 二 三 平 平				1 口 曰 日 旦 里 里 里 野 野 野			
平	平	平		野	野	野	
평평할 평	평평할 평	평평할 평		들 야	들 야	들 야	
一 ㄴ ㅗ ㅎ ㅎ 古 亨 高 高 高				一 厂 ㄏ ㄏ 盾 盾 盾 原 原 原			
高	高	高		原	原	原	
높을 고	높을 고	높을 고		언덕/근본 원	언덕/근본 원	언덕/근본 원	

🌱 **생활 쏙쏙** 한자로 쓰인 한자어의 음(소리)을 쓰세요.

(1) 예로부터 강 하류에는 기름진 平野(_____)가 발달하였습니다.
(2) 가파른 숲길을 지나니 드넓은 高原(_____)이 나타났습니다.

한자 도레미 **29**

12 자연 한자

씽씽 불어 **바람 풍**   콸콸 흘러 **물 수**
넘실넘실 **강 강**   졸졸졸 **내 천**

⑤ 風 바람 풍
- **强風**(강풍): 세게 부는 **바람**
- **風力**(풍력): **바람**의 세기

水 물 수
- **風水**(풍수): 바람과 물을 아울러 이르는 말
- **海水**(해수): 바다에 괴어 있는 짠물. 바닷물

江 강 강
- **江山**(강산): 강과 산. 자연의 경치
- **江水**(강수): 강에 흐르는 물. 강물

川 내 천
- **大川**(대천): 큰 **내**. 또는 이름난 **내**
- **山川**(산천): 산과 **내**를 아울러 이르는 말

📝 **한자 쏙쏙** 한자의 뜻과 음(소리)을 큰소리로 읽으며, 순서에 맞게 쓰세요.

🌱 **생활 쏙쏙** 한자로 쓰인 한자어의 음(소리)을 쓰세요.

(1) 장마철이 오기 전에 風水(_____) 피해에 대비해야 합니다.
(2) 아버지의 고향 山川(산___)은 늘 푸르고 아름답습니다.

월 일

♪ 한자 동요

팔딱팔딱 **물고기 어**　오돌토돌 **조개 패**
끝이 없는 **바다 해**　더 넓은 **큰 바다 양**

⑤ 魚 물고기 **어**
- 大魚(대어): 큰 물고기
- 活魚(활어): 살아 있는 물고기

⑤ 貝 조개 **패**
- 魚貝(어패): 물고기와 조개를 아울러 이르는 말
- 貝石(패석): 조개껍데기가 많이 붙어 있는 돌

海 바다 **해**
- 近海(근해): 육지에 가까이 있는 바다
- 海外(해외): 바다의 밖

⑤ 洋 큰 바다 **양**
- 海洋(해양): 넓고 큰 바다
- 太平洋(태평양): 지구를 둘러싸고 있는 대규모의 다섯 바다 중 하나

한자 쓱쓱 한자의 뜻과 음(소리)을 큰소리로 읽으며, 순서에 맞게 쓰세요.

ノ ヶ ク ク 乌 甬 角 角 魚 魚 魚
魚 魚 魚
물고기 어　물고기 어　물고기 어

｜ 冂 冃 月 目 貝 貝
貝 貝 貝
조개 패　조개 패　조개 패

丶 ㇀ 氵 氵 浐 泎 海 海 海 海
海 海 海
바다 해　바다 해　바다 해

丶 ㇀ 氵 氵 洋 洋 洋 洋
洋 洋 洋
큰 바다 양　큰 바다 양　큰 바다 양

생활 쑥쑥 한자로 쓰인 한자어의 음(소리)을 쓰세요.

(1) 魚貝(　　　　)류는 물로 충분히 씻고 완전히 익혀서 먹습니다.

(2) 과학자들은 海洋(　　　　) 탐사선을 타고 바닷속으로 들어갔습니다.

13 자연 한자

파랑 초록 **푸를 청**   알록달록 **빛 색**
깨끗한 물 **맑을 청**   햇빛 달빛 **밝을 명**

青 푸를 청
- 青綠(청록): 푸른빛을 띤 초록색
- 青天白日(청천백일): 하늘이 맑게 갠 대낮
- ★ 뜻이 같거나 비슷한 한자: 青≒綠(푸를 록)

色 빛 색
- 金色(금색): 황금처럼 광택이 나는 누런색
- 青色(청색): 맑은 가을 하늘과 같이 밝고 선명한 푸른색

清 맑을 청
- 清明(청명): 날씨가 맑고 밝음.
- 清音(청음): 맑고 깨끗한 소리

明 밝을 명
- 明白(명백): 의심할 바 없이 뚜렷함.
- 清風明月(청풍명월): 맑은 바람과 밝은 달. 결백하고 온건한 성격을 평하여 이르는 말

한자 쏙쏙 한자의 뜻과 음(소리)을 큰소리로 읽으며, 순서에 맞게 쓰세요.

생활 쏙쏙 한자로 쓰인 한자어의 음(소리)을 쓰세요.

(1) 신호등에 青色(＿＿＿) 불이 들어와 횡단보도를 건넜습니다.

(2) 清明(＿＿＿)한 가을 하늘을 보니 기분이 상쾌합니다.

초록빛은 **푸를 록**　노란빛은 **누를 황**
새하얀 **흰 백**　밝게 빛나 **빛 광**

⑤ 綠 푸를 록
- 綠黃色(녹황색): **초록빛**을 띤 누런색
- 草綠同色(초록동색): 풀색과 **녹색**은 같은 색임. 같은 처지의 사람과 어울리기 마련임.

⑤ 黃 누를 황
- 黃犬(황견): 털빛이 **누런** 개
- 黃土(황토): **누런** 흙

⑤ 白 흰 백
- 白光(백광): **흰빛**. 희게 보이는 빛
- 淸白(청백): 재물에 대한 욕심이 없이 곧고 **깨끗함**.

⑤ 光 빛 광
- 光明(광명): 밝고 환함. 또는 밝은 미래나 희망을 상징하는 밝고 환한 **빛**
- 日光(일광): 해의 **빛**. 햇빛

한자 쏙쏙
한자의 뜻과 음(소리)을 큰소리로 읽으며, 순서에 맞게 쓰세요.

綠 푸를 록
黃 누를 황
白 흰 백
光 빛 광

생활 쏙쏙
한자로 쓰인 한자어의 음(소리)을 쓰세요.

(1) 양배추, 양파, 셀러리와 같은 綠黃色(　　　색) 채소는 몸에 이롭습니다.
(2) 갑자기 환한 白光(　　　)이 비치자 사람들이 눈살을 찌푸렸습니다.

14 와우! 내 실력!

1 [가로 열쇠]와 [세로 열쇠]를 참고하여 빈칸에 들어갈 한자를 쓰세요.

①㉠	樹		㉡土
木		②天	
③日	㉢		
	④		白

🔑 **가로 열쇠**
① 나무를 심음. 또는 심은 나무
② 하늘과 땅
③ 해의 빛. 햇빛
④ 의심할 바 없이 아주 뚜렷함.

🔑 **세로 열쇠**
㉠ 나무를 많이 심고 아껴 가꾸도록 권장하는 날. 4월 5일
㉡ 경지나 주거지 따위의 사람의 생활과 활동에 이용하는 땅
㉢ 밝고 환함. 밝고 환한 빛

2 [　] 안의 한자와 음(소리)이 같은 한자를 골라 번호를 쓰세요.

(1) [淸] 　① 月 　② 靑 　③ 金 　④ 山 　(　　)
(2) [洋] 　① 羊 　② 野 　③ 本 　④ 銀 　(　　)
(3) [川] 　① 天 　② 魚 　③ 風 　④ 根 　(　　)

3 [　] 안의 한자와 뜻이 반대(상대)되는 한자를 골라 번호를 쓰세요.

(1) [天] 　① 日 　② 黃 　③ 地 　④ 綠 　(　　)
(2) [水] 　① 樹 　② 火 　③ 高 　④ 明 　(　　)
(3) [日] 　① 植 　② 玉 　③ 石 　④ 月 　(　　)

4 보기의 단어들과 관련이 깊은 한자를 골라 번호를 쓰세요. (   )

보기
동물   사냥   목줄

① 草   ② 犬   ③ 貝   ④ 江

5 한자의 훈(뜻)과 음(소리)을 쓰세요.

(1) 林 (   )   (2) 根 (   )
(3) 野 (   )   (4) 牛 (   )
(5) 竹 (   )   (6) 海 (   )

6 ○ 안에 공통으로 들어갈 한자를 보기에서 찾아 쓰세요.

보기
本   陽   木   原   風

(1) 樹○   土○   ○手   (   )
(2) 太○   夕○   ○地   (   )
(3) 草○   高○   ○油   (   )

7 보기의 내용에 맞게 ○ 안에 적당한 한자를 넣어 한자성어를 완성하세요.

보기
맑은 바람과 밝은 달. 결백하고 온건한 성격을 평하여 이르는 말

• 淸○ 明○   (,   )

15 사람 한자

준5급 준비생은 ⑤ 표시된 한자를 제외하고 공부하세요.
(⑤ : 5급에 새로 나온 한자)

♪한자동요

화목한 우리 집 **집가**　피붙이 모여서 **겨레 족**
힘써서 일하는 **아버지 부**　다정히 안아 주는 **어머니 모**

家 집 가	• **家**長(가장): 한 가정을 이끌어 나가는 사람 • **家**族(가족): 혼인이나 혈연 등으로 이루어지는 집단 또는 그 구성원
⑤ 族 겨레 족	• 同**族**(동족): 같은 겨레 • 親**族**(친족): 촌수가 가까운 일가
父 아버지 부	• **父**母(부모): 아버지와 어머니 • **父**性(부성): 아버지로서 가지는 정신적·육체적 성질
母 어머니 모	• **母**子(모자): 어머니와 아들 • 祖**母**(조모): 할머니 ⭐ 뜻이 반대(상대)되는 한자: 母 ↔ 父(아버지 부)

 **한자 쏙쏙**　한자의 뜻과 음(소리)을 큰소리로 읽으며, 순서에 맞게 쓰세요.

丶 丶 宀 宀 宀 宁 宇 穷 家 家 家	丶 亠 亍 方 方 方 扩 施 於 族
家 家 家	族 族 族
집가　집가　집가	겨레 족　겨레 족　겨레 족

丶 丶 父 父	ㄴ 口 口 母 母
父 父 父	母 母 母
아버지 부　아버지 부　아버지 부	어머니 모　어머니 모　어머니 모

 **생활 쏙쏙**　한자로 쓰인 한자어의 음(소리)을 쓰세요.

(1) 나는 우리 家族(＿＿ ＿＿)을 사랑합니다.

(2) 父母(＿＿ ＿＿)님의 사랑은 끝이 없습니다.

📅 _____월 _____일

동생을 돌보는 **맏 형** 귀여운 내 동생 **아우 제**
뜨거운 붉은 피 **피 혈** 살과 몸 나타내 **고기 육**

兄 맏 형
- 長兄(장형): 큰형
- 兄夫(형부): 언니의 남편
- ⭐ 뜻이 반대(상대)되는 한자: 兄 ↔ 弟(아우 제)

弟 아우 제
- 弟夫(제부): 언니가 여동생의 남편을 부르거나 이르는 말
- 兄弟(형제): 형과 아우

⑤ **血** 피 혈
- 血氣(혈기): 피의 기운. 힘을 쓰고 활동하게 하는 원기
- 血肉(혈육): 피와 살. 부모, 자식, 형제 따위의 한 혈통으로 맺어진 육친

⑤ **肉** 고기 육
- 肉食(육식): 음식으로 고기를 먹음.
- 肉牛(육우): 고기를 얻으려고 기르는 소

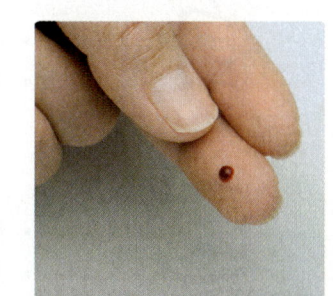

✏️ **한자 쏙쏙** 한자의 뜻과 음(소리)을 큰소리로 읽으며, 순서에 맞게 쓰세요.

ノ 丆 ㅁ 尸 兄				ヽ ゛ ㅛ ヰ 肖 弟 弟			
兄	兄	兄		弟	弟	弟	
맏 형	맏 형	맏 형		아우 제	아우 제	아우 제	

ノ 丆 ㅕ 血 血				丨 冂 内 内 肉 肉			
血	血	血		肉	肉	肉	
피 혈	피 혈	피 혈		고기 육	고기 육	고기 육	

🌱 **생활 쏙쏙** 한자로 쓰인 한자어의 음(소리)을 쓰세요.

(1) 흥부와 놀부는 兄弟(_____)이지만 성격이 전혀 다릅니다.

(2) 수십 년 전 헤어진 血肉(_____)을 보니 눈물만 났습니다.

한자 도레미

16 사람 한자

인정이 넘치는 **할아비 조**   재롱을 부리는 **손자 손**
손으로 코 짚어 **스스로 자**   소중한 나의 몸 **몸 기**

祖 할아비 조	• 祖父(조부): 할아버지 • 祖孫(조손): 할아버지와 손자. 조부모와 손주를 아울러 이르는 말
孫 손자 손	• 孫女(손녀): 자녀의 딸 • 孫子(손자): 자녀의 아들 ★ 뜻이 반대(상대)되는 한자: 孫 ↔ 祖(할아비 조)
自 스스로 자	• 自信(자신): 스스로 굳게 믿음. • 自身(자신): 제 몸. 그 사람
己 몸 기	• 利己(이기): 자기의 이익만을 꾀함. • 自己(자기): 제 몸. 그 사람 자신

한자 쏙쏙 한자의 뜻과 음(소리)을 큰소리로 읽으며, 순서에 맞게 쓰세요.

祖 - 할아비 조
孫 - 손자 손
自 - 스스로 자
己 - 몸 기

생활 쏙쏙 한자로 쓰인 한자어의 음(소리)을 쓰세요.

(1) 祖孫(_____)이 손을 잡고 나란히 걸어갑니다.
(2) 自己(_____)의 일은 스스로 처리합니다.

월 일

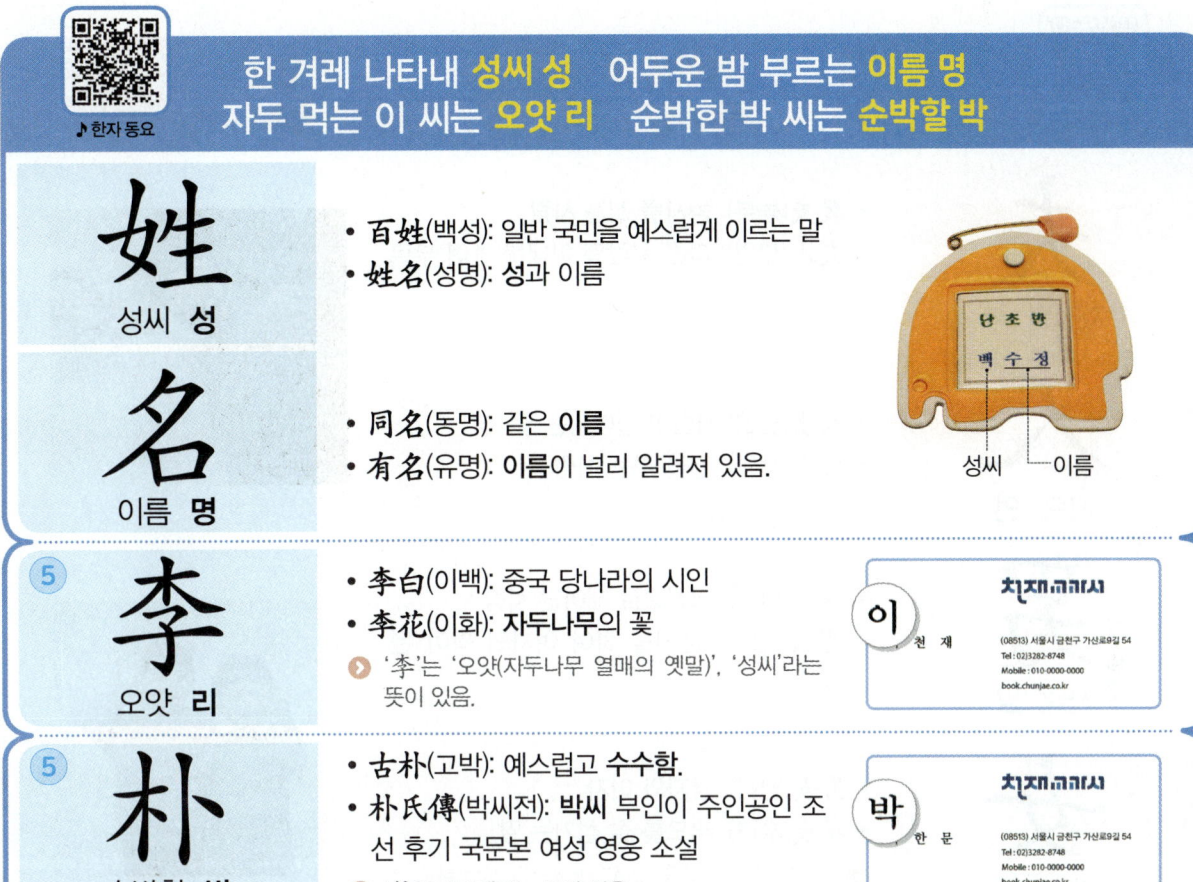

한자 쏙쏙
한자의 뜻과 음(소리)을 큰소리로 읽으며, 순서에 맞게 쓰세요.

생활 쏙쏙
한자로 쓰인 한자어의 음(소리)을 쓰세요.

(1) 서류를 받고 **姓名**(　　　)란에 이름부터 적었습니다.
(2) 질그릇은 **古朴**(고　)한 멋이 있습니다.

17 사람 한자

♪한자동요

팔 벌려 우뚝 선 **지아비 부**   팔 뻗은 옆모습 **사람 인**
씩씩한 사나이 **사내 남**   차분히 앉아 있는 **계집 녀**

夫 지아비 부
- 農夫(농부): 농사를 짓는 **사람**
- 夫人(부인): 다른 **사람**의 아내를 높여 부르는 말

人 사람 인
- 人生(인생): **사람**이 살아가는 일
- 行人(행인): 길을 가는 **사람**

부인

男 사내 남
- 男子(남자): 남성으로 태어난 사람
- 男便(남편): 혼인을 하여 여자의 짝이 된 남자

女 계집 녀
- 男女(남녀): 남자와 **여자**
- 孝女(효녀): 부모를 잘 섬기는 **딸**
- ⭐ 뜻이 반대(상대)되는 한자: 女 ↔ 男(사내 남)

✏️ **한자쏙쏙** 한자의 뜻과 음(소리)을 큰소리로 읽으며, 순서에 맞게 쓰세요.

一 二 キ 夫				ノ 人		
夫	夫	夫		人	人	人
지아비 부	지아비 부	지아비 부		사람 인	사람 인	사람 인

1 口 日 甲 田 男 男				ㄑ ㄥ 女		
男	男	男		女	女	女
사내 남	사내 남	사내 남		계집 녀	계집 녀	계집 녀

🌱 **생활쏙쏙** 한자로 쓰인 한자어의 음(소리)을 쓰세요.

(1) 그는 夫人(_____)의 음식 솜씨를 사람들에게 자랑하였습니다.

(2) 청바지는 男女(_____) 모두 즐겨 입는 옷입니다.

활기찬 어린이 **아이 동**   사랑스런 우리 아기 **아들 자**
가까이 사귀어 **친할 친**   마음이 통하는 **벗 우**

⑤ 童 아이 동
- **童詩**(동시): 주로 어린이를 독자로 예상하고 **어린이**의 정서를 읊은 시
- **童子**(동자): 남자**아이**

子 아들 자
- **子女**(자녀): **아들**과 딸
- **子孫**(자손): **자식**과 손자. 후손

⑤ 親 친할 친
- **親交**(친교): **친밀**하게 사귐.
- **親和**(친화): **사이좋게** 잘 어울림.
▶ '親'은 '어버이'라는 뜻도 있음.

⑤ 友 벗 우
- **親友**(친우): 가까이하여 **친한** 사람
- **學友**(학우): 같이 공부하는 **벗**

한자 쏙쏙   한자의 뜻과 음(소리)을 큰소리로 읽으며, 순서에 맞게 쓰세요.

` ` ` 冖 亠 产 产 咅 咅 音 音 竜 童 童
童 아이 동

フ 了 子
子 아들 자

` ` ` 寸 立 产 辛 辛 亲 亲 新 新 親 親 親
親 친할 친

一 ナ 方 友
友 벗 우

생활 쏙쏙   한자로 쓰인 한자어의 음(소리)을 쓰세요.

(1) 절에서 귀여운 童子(＿＿＿)를 만나 인사를 나누었습니다.
(2) 신우는 나와 둘도 없는 親友(＿＿＿)입니다.

18 사람 한자

나라를 지키는 **군사 군**   올곧은 마음씨 **선비 사**
씨 심고 기르는 **농사 농**   물건을 만드는 **장인 공**

軍 군사 군
- **軍事**(군사): 군대, 군비, 전쟁 등 **군**에 관한 일
- **軍人**(군인): **군대**에서 복무하는 사람

士 선비 사
- **軍士**(군사): 예전에 군인을 이르던 말
- **人士**(인사): 사회적 지위가 높거나 사회적 활동이 많은 **사람**
▶ '士'는 '남자', '사람'이라는 뜻이 있음.

農 농사 농
- **農民**(농민): **농사**를 짓는 사람
- **農事**(농사): 씨나 모종을 심어 기르고 거두는 일

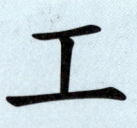
工 장인 공
- **工場**(공장): 원료나 재료를 가공하여 **물건을 만들어 내는** 설비를 갖춘 곳
- **農工**(농공): 농업과 **공업**, 또는 농부와 직공을 아울러 이르는 말

📝 **한자 쓱쓱** 한자의 뜻과 음(소리)을 큰소리로 읽으며, 순서에 맞게 쓰세요.

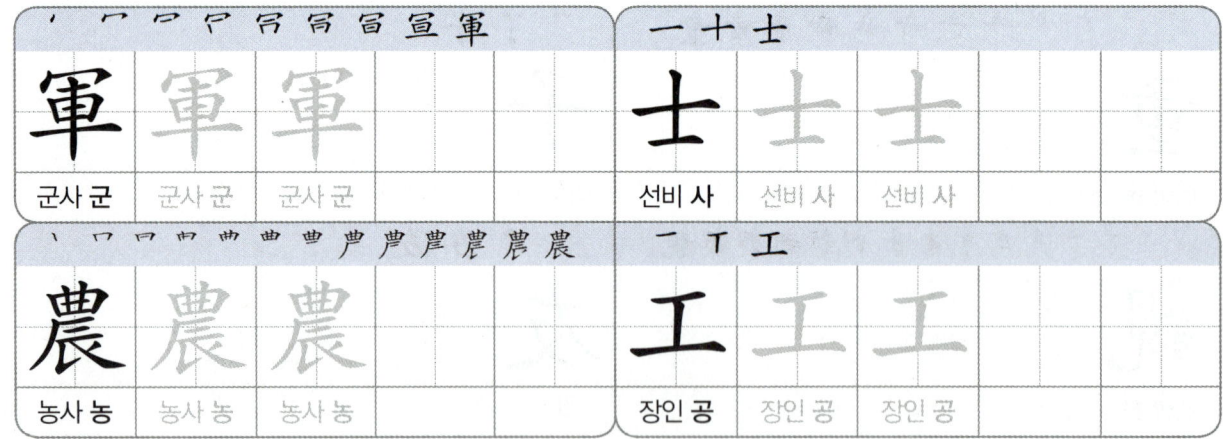

⚠ 士: '土(흙 토)'와 혼동하지 않도록 주의함.

🌱 **생활 쓱쓱** 한자로 쓰인 한자어의 음(소리)을 쓰세요.

(1) 軍士(_____)들이 씩씩하게 행진합니다.
(2) 정부는 農工(_____)이 함께 발전할 수 있는 방안을 모색하고 있습니다.

백성을 살피는 **임금 왕** 나라를 이루는 **백성 민**
낱낱의 개개인 **각각 각** 사람을 뜻하는 **놈 자**

王 임금 왕
- **王道**(왕도): 임금으로서 마땅히 지켜야 할 도리
- **王民**(왕민): 임금이 다스리는 백성

民 백성 민
- **國民**(국민): 국가를 구성하는 **사람**
- **民心**(민심): 백성의 마음
- ★ 뜻이 반대(상대)되는 한자: 民 ↔ 王(임금 왕)

各 각각 각
- **各各**(각각): 사람이나 물건의 **하나하나**
- **各自**(각자): 각각의 자기 자신

者 놈 자
- **病者**(병자): 병을 앓고 있는 **사람**
- **勝者**(승자): 싸움이나 경기에서 이긴 **사람**
- ▷ '놈'은 '남자'를 낮잡아 부르거나 '사람'을 가볍게 이르는 말

📝 **한자 쓱쓱** 한자의 뜻과 음(소리)을 큰소리로 읽으며, 순서에 맞게 쓰세요.

! 各: '名(이름 명)'과 혼동하지 않도록 주의함.

🌱 **생활 쓱쓱** 한자로 쓰인 한자어의 음(소리)을 쓰세요.

(1) '民心(___심)이 천심'이란 말이 있습니다.
(2) 식사 후 밥값을 各自(___자) 계산하였습니다.

19 신체 한자

새파란 새싹이 **날 생**   살아서 숨 쉬는 **목숨 명**
생명이 없어져 **죽을 사**   힘차게 움직여 **살 활**

生	날 생	• **生日**(생일): 세상에 태어난 날 • **九死一生**(구사일생): 아홉 번 죽을 뻔하고 한 번 겨우 **살아남**.
命	목숨 명	• **生命**(생명): 사람이 살아서 숨 쉬고 활동할 수 있게 하는 힘 • **人命在天**(인명재천): 사람의 **목숨**은 하늘에 달려 있음.
死	죽을 사	• **死活**(사활): 죽기와 살기. 어떤 중대한 문제를 비유적으로 이르는 말 • **生死**(생사): 삶과 죽음
活	살 활	• **生活**(생활): 살아서 활동함. • **活氣**(활기): 활발한 기운 ★ 뜻이 반대(상대)되는 한자: 活 ↔ 死(죽을 사)

한자 쏙쏙 한자의 뜻과 음(소리)을 큰소리로 읽으며, 순서에 맞게 쓰세요.

生 (날 생) — ノ ノ 匕 生 生
命 (목숨 명) — ノ 人 人 仝 企 合 命 命
死 (죽을 사) — 一 ア 歹 歹 歹 死
活 (살 활) — 丶 氵 氵 汗 汗 活 活

생활 쏙쏙 한자로 쓰인 한자어의 음(소리)을 쓰세요.

(1) 국가는 국민의 *生命*(_____)과 재산을 보호합니다.
(2) 회사의 *死活*(_____)을 걸고 상품 홍보에 나섰습니다.

📅 _____월 _____일

♪한자 동요

지팡이 짚고 선 **늙을 로**   병들고 아픈 몸 **병 병**
임신한 배 모양 **몸 신**   뼈와 살 갖추어 **몸 체**

老 늙을 로
- 老少(노소): 늙은이와 젊은이
- 老人(노인): 나이가 들어 늙은 사람
▸ '老'가 한자어의 맨 앞에 올 때는 '노'로 읽음.

⑤ **病** 병 병
- 老病(노병): 늙고 쇠약해지면서 생기는 **병**
- 問病(문병): 아픈 사람을 찾아가 위로함.

⑤ **身** 몸 신
- 身體(신체): 사람의 몸
- 心身(심신): 몸과 마음
★ 뜻이 같거나 비슷한 한자: 身 ≒ 體(몸 체)

⑤ **體** 몸 체
- 人體(인체): 사람의 몸
- 體育(체육): 일정한 운동 따위를 통해 신체를 튼튼하게 단련시키는 일

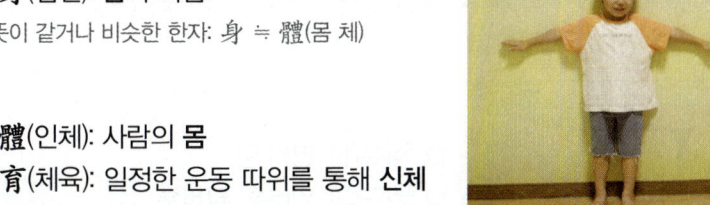

✏️ **한자 쏙쏙** 한자의 뜻과 음(소리)을 큰소리로 읽으며, 순서에 맞게 쓰세요.

一 十 土 耂 耂 老
老 老 老
늙을 로

` 亠 广 广 疒 疒 疒 病 病 病
病 病 病
병 병

´ 丿 竹 斤 斤 自 身
身 身 身
몸 신

丨 冂 冂 曱 甲 骨 骨 骨 骨 骨 體 體 體
體 體 體
몸 체

🌱 **생활 쏙쏙** 한자로 쓰인 한자어의 음(소리)을 쓰세요.

(1) 老病(_____)이 깊어 누워 계신 어르신들을 찾아뵈었습니다.

(2) 身體(_____) 검사장에서 키와 몸무게를 쟀습니다.

한자 도레미 **45**

20 신체 한자

♪한자동요

눈 코 입 들어선 **낯 면**   동그란 눈동자 **눈 목**
귓불과 귓바퀴 **귀 이**   커다란 입 모양 **입 구**

面 낯 면
- **對面**(대면): 서로 얼굴을 마주 보고 대함.
- **面目**(면목): 얼굴과 눈. 얼굴의 생김새. 남을 대할 만한 체면

目 눈 목
- **目禮**(목례): 눈인사
- **目前**(목전): 눈앞. 눈으로 볼 수 있는 아주 가까운 거리

耳 귀 이
- **外耳**(외이): 바깥귀. 귀의 바깥쪽 부분
- **耳目**(이목): 귀와 눈. 주의나 관심

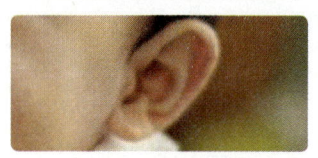

口 입 구
- **口內**(구내): 입의 안
- **口習**(구습): 입버릇. 말버릇

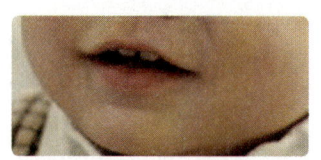

✏️ 한자 쏙쏙 한자의 뜻과 음(소리)을 큰소리로 읽으며, 순서에 맞게 쓰세요.

🌱 생활 쏙쏙 한자로 쓰인 한자어의 음(소리)을 쓰세요.

(1) 이번 시합에서 크게 져서 감독님을 볼 面目(_____)이 없습니다.

(2) 그는 화려한 패션으로 사람들의 耳目(_____)을 끌었습니다.

정답 및 해설은 183쪽

📅 _____ 월 _____ 일

 ♪한자동요

활짝 편 손바닥 **손 수**　길쭉한 발바닥 **발 족**
우리 몸 꼭대기 **머리 두**　가느다란 실 모양 **털 모**

손 수

- **入手**(입수): 손에 들어옴. 손에 넣음.
- **手作業**(수작업): 손으로 직접 하는 작업
- ⭐ 뜻이 반대(상대)되는 한자: 手 ↔ 足(발 족)

발 족

- **手足**(수족): 손과 발
- **長足**(장족): 기다랗게 생긴 다리. 사물의 발전이나 진행이 매우 빠름.

⑤ 頭
머리 두

- **頭部**(두부): 머리가 되는 부분. 머리
- **話頭**(화두): 이야기의 첫머리

⑤ 毛
털 모

- **羊毛**(양모): 양털
- **九牛一毛**(구우일모): 아홉 마리 소의 털 한 가닥. 많은 것 중의 아주 적은 것

✏️ **한자쏙쏙**　한자의 뜻과 음(소리)을 큰소리로 읽으며, 순서에 맞게 쓰세요.

🌱 **생활쏙쏙**　한자로 쓰인 한자어의 음(소리)을 쓰세요.

(1) 찜질팩이 상처에 닿을 때마다 **手足**(____ ____)이 움찔거렸습니다.

(2) 불편함을 느꼈는지, 그녀는 재빨리 **話頭**(화 ____)를 돌렸습니다.

한자 도레미　47

21 와우! 내 실력!

1 [가로 열쇠]와 [세로 열쇠]를 참고하여 빈칸에 들어갈 한자를 쓰세요.

①㉠	人		㉡ 面
病		② 耳	
	㉢ 生		
		③ 活	

🔑 **가로 열쇠**
① 나이가 들어 늙은 사람
② 귀와 눈. 주의나 관심
③ 죽기와 살기. 어떤 중대한 문제를 비유적으로 이르는 말

🔑 **세로 열쇠**
㉠ 늙고 쇠약해지면서 생기는 병
㉡ 얼굴과 눈. 얼굴의 생김새. 남을 대할 만한 체면
㉢ 삶과 죽음

2 [　] 안의 한자의 뜻으로 알맞은 것을 골라 번호를 쓰세요.

(1) [家]　① 집　② 장인　③ 고기　④ 목숨　(　　)
(2) [血]　① 귀　② 피　③ 입　④ 이름　(　　)
(3) [夫]　① 얼굴　② 스스로　③ 어머니　④ 지아비　(　　)

3 [　] 안의 한자와 뜻이 반대(상대)되는 한자를 골라 번호를 쓰세요.

(1) [手]　① 肉　② 李　③ 足　④ 父　(　　)
(2) [男]　① 女　② 耳　③ 面　④ 身　(　　)
(3) [弟]　① 工　② 體　③ 口　④ 兄　(　　)

4 보기 의 단어들과 관련이 깊은 한자를 골라 번호를 쓰세요. ( )

보기
쟁기   모내기   밭

① 友   ② 族   ③ 農   ④ 王

5 한자의 훈(뜻)과 음(소리)을 쓰세요.

(1) 己 (   )   (2) 親 (   )
(3) 姓 (   )   (4) 民 (   )
(5) 自 (   )   (6) 各 (   )

6 ○ 안에 공통으로 들어갈 한자를 보기 에서 찾아 쓰세요.

보기
子   頭   生   者   祖

(1) ○日   ○命   ○活   (   )
(2) ○父   ○母   ○孫   (   )
(3) ○女   ○孫   童○   (   )

7 보기 의 내용에 맞게 ○ 안에 적당한 한자를 넣어 한자성어를 완성하세요.

보기
아홉 마리 소의 털 한 가닥이라는 뜻으로,
매우 많은 것 가운데 극히 적은 것을 이르는 말

• 九牛一○   (   )

22 마음 한자

준5급 준비생은 ⑤ 표시된 한자를 제외하고 공부하세요.
(⑤: 5급에 새로 나온 한자)

♪ 한자 동요

손가락 한 **마디 촌**   두근두근 **마음 심**
쓰디 쓴 풀 **괴로울 고**   룰루랄라 **즐거울 락**

寸 마디 촌	• 三寸(삼촌): 아버지의 형제를 부르는 말 • 寸心(촌심): 속으로 품은 **작은** 뜻 ▶ '寸'은 '치(길의 단위)', '촌수', '작다'의 뜻이 있음.
心 마음 심	• 苦心(고심): 몹시 애를 태우며 **마음**을 씀. • 心性(심성): 타고난 **마음씨**

⑤ 苦 괴로울 고	• 同苦同樂(동고동락): 괴로움도 즐거움도 함께함. • 生死苦樂(생사고락): 삶과 죽음, **괴로움**과 즐거움을 통틀어 이르는 말
⑤ 樂 즐거울 락	• 安樂(안락): 몸과 마음이 편안하고 **즐거움**. • 音樂(음악): 목소리나 악기를 통하여 사상 또는 감정을 나타내는 **예술** ⭐ 여러 가지 뜻과 음을 가진 한자: 樂(즐거울 락 / 풍류 악 / 좋아할 요)

 한자의 뜻과 음(소리)을 큰소리로 읽으며, 순서에 맞게 쓰세요.

一 寸 寸					｀ 心 心 心			
寸	寸	寸			心	心	心	
마디 촌	마디 촌	마디 촌			마음 심	마음 심	마음 심	

一 十 廾 艹 꾸 꾸 苦 苦				｀ ｒ ń ń 白 伯 狛 狛 狛 绌 樂 樂 樂 樂			
苦	苦	苦		樂	樂	樂	
괴로울 고	괴로울 고	괴로울 고		즐거울 락	즐거울 락	즐거울 락	

🌱 **생활 쏙쏙** 한자로 쓰인 한자어의 음(소리)을 쓰세요.

(1) 친구에게 편지를 써서 나의 寸心(_____)을 전하였습니다.
(2) 부모님은 늘 인생의 苦樂(_____)을 함께해 오셨습니다.

○ 정답 및 해설은 **184**쪽

📅 _____월 _____일

마음 느껴 **느낄 감**   타고난 마음 **성품 성**
날쌘돌이 **날쌜 용**   스물스물 **기운 기**

♪한자 동요

| 感 느낄 감 | • 感性(감성): 자극이나 자극의 변화를 느끼는 성질
• 同感(동감): 어떤 견해나 의견에 같은 생각을 가짐. 또는 그 생각 |
| 性 성품 성 | • 性急(성급): 성질이 급함.
• 性品(성품): 사람의 성질이나 됨됨이 |

| 勇 날쌜 용 | • 勇氣(용기): 씩씩하고 굳센 기운. 또는 사물을 겁내지 아니하는 기개
• 勇士(용사): 용맹(용감하고 사나운)한 사람 |
| 氣 기운 기 | • 空氣(공기): 지구를 둘러싼 대기의 하층부를 구성하는 무색, 무취의 투명한 기체
• 氣運(기운): 어떤 일이 벌어지려고 하는 분위기 |

✏️ **한자 쏙쏙** 한자의 뜻과 음(소리)을 큰소리로 읽으며, 순서에 맞게 쓰세요.

丿厂厂尸厉咸咸咸感感感

| 感 | 感 | 感 |
| 느낄 감 | 느낄 감 | 느낄 감 |

丶丶忄忄忄忄性性

| 性 | 性 | 性 |
| 성품 성 | 성품 성 | 성품 성 |

フマア予百甬勇勇

| 勇 | 勇 | 勇 |
| 날쌜 용 | 날쌜 용 | 날쌜 용 |

丿𠂉气气气氧氣氣氣

| 氣 | 氣 | 氣 |
| 기운 기 | 기운 기 | 기운 기 |

🌱 **생활 쏙쏙** 한자로 쓰인 한자어의 음(소리)을 쓰세요.

(1) 가수인 아버지는 **感性**(_____)이 뛰어납니다.

(2) 한 시민이 **勇氣**(_____) 있는 행동으로 위험에 빠진 시민을 구하였습니다.

한자 도레미

23 마음·상태 한자

♪한자동요

반듯반듯 **바를 정**   꼿꼿하게 **곧을 직**
끙끙 낑낑 **무거울 중**   양팔 벌려 **큰 대**

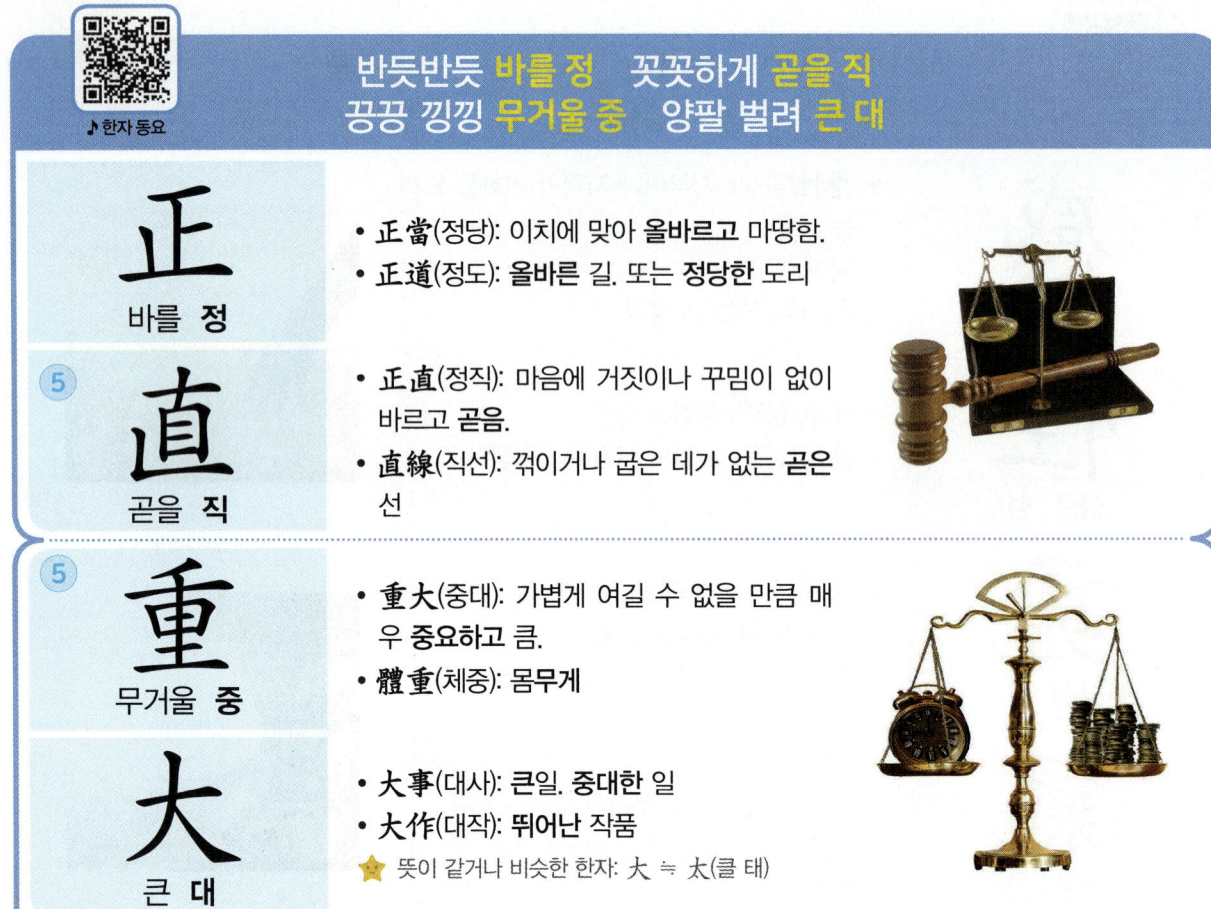

正 바를 정
- 正當(정당): 이치에 맞아 올바르고 마땅함.
- 正道(정도): 올바른 길. 또는 정당한 도리

⑤ **直 곧을 직**
- 正直(정직): 마음에 거짓이나 꾸밈이 없이 바르고 곧음.
- 直線(직선): 꺾이거나 굽은 데가 없는 곧은 선

⑤ **重 무거울 중**
- 重大(중대): 가볍게 여길 수 없을 만큼 매우 중요하고 큼.
- 體重(체중): 몸무게

大 큰 대
- 大事(대사): 큰일. 중대한 일
- 大作(대작): 뛰어난 작품
- ★ 뜻이 같거나 비슷한 한자: 大 ≒ 太(클 태)

✏️ **한자 쓱쓱** 한자의 뜻과 음(소리)을 큰소리로 읽으며, 순서에 맞게 쓰세요.

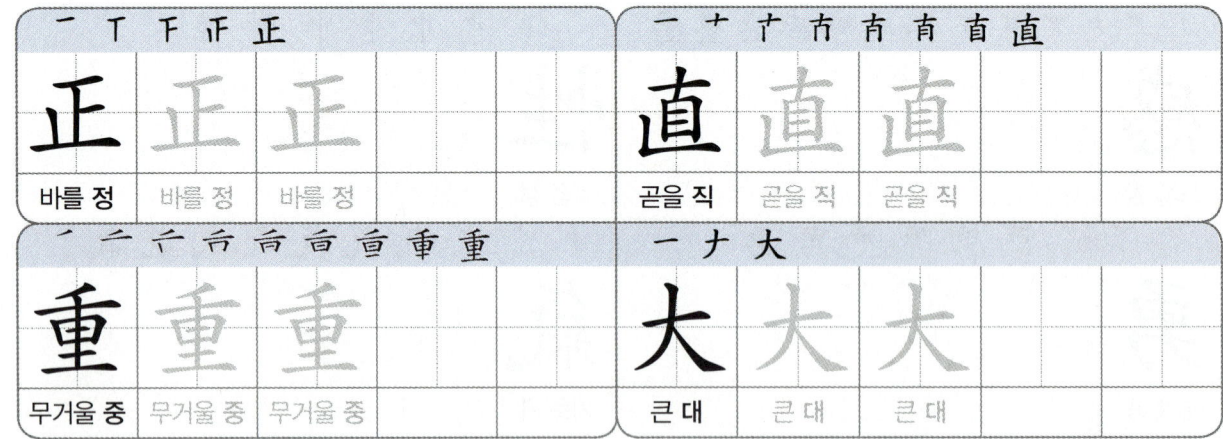

🌱 **생활 쓱쓱** 한자로 쓰인 한자어의 음(소리)을 쓰세요.

(1) 어머니께 나의 잘못을 正直(_____)하게 고백하였습니다.

(2) 지하철 운행 중 重大(_____)한 문제가 발생하여 멈추었습니다.

📅 _____월 _____일

♪ 한자 동요

텅텅 비어 **빌 공** 과녁에 쏙 **가운데 중**
작게 쪼개 **작을 소** 사람 말을 **믿을 신**

空
빌 공

- 空軍(공군): 주로 **공중**에서 공격과 방어의 임무를 수행하는 군대
- 空中(공중): 하늘과 땅 사이의 **빈** 곳

中
가운데 중

- 中心(중심): 사물의 **한가운데**
- 百發百中(백발백중): 백 번 쏘아 백 번 **맞**힘. 무슨 일이나 틀림없이 잘 들어맞음.

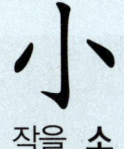
小
작을 소

- 大小(대소): 크고 **작음**.
- 小信(소신): **작은** 신뢰와 의리
- ⭐ 뜻이 반대(상대)되는 한자: 小 ↔ 大(큰 대)

⑤ 信
믿을 신

- 信用(신용): 사람(사물)이 틀림없다고 **믿음**.
- 通信(통신): 소식을 전함.
- ▶ '信'은 '소식'이라는 뜻이 있음.

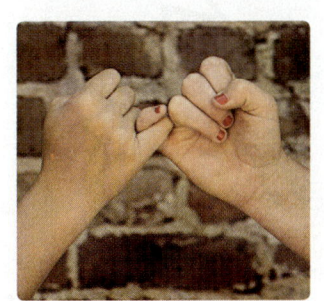

✏️ **한자 쓱쓱** 한자의 뜻과 음(소리)을 큰소리로 읽으며, 순서에 맞게 쓰세요.

` ´ ˋ 宀 宂 宂 空 空`					`丨 口 口 中`			
空	空	空			中	中	中	
빌 공	빌 공	빌 공			가운데 중	가운데 중	가운데 중	

`」 亅 小`					`′ ⺅ 亻 仁 什 信 信 信 信`			
小	小	小			信	信	信	
작을 소	작을 소	작을 소			믿을 신	믿을 신	믿을 신	

🌱 **생활 쏙쏙** 한자로 쓰인 한자어의 음(소리)을 쓰세요.

(1) 새가 空中(_____)을 마음껏 날아다닙니다.
(2) 그 친구는 어려운 상황에서도 小信(_____)을 저버리지 않았습니다.

한자 도레미 **53**

24 상태 한자

긴 물줄기 **길 영**   고기 가져 **있을 유**
불에 다 타 **없을 무**   힘껏 힘써 **이길 승**

永 길 영	• 永遠(영원): 어떤 상태가 **끝없이** 이어짐. 또는 시간을 초월하여 변하지 아니함. • 永有(영유): **영원히** 소유함.
有 있을 유	• 所有(소유): 가지고 **있음**. 또는 그 물건 • 有無(유무): **있음**과 **없음**. ★ 뜻이 반대(상대)되는 한자: 有 ↔ 無(없을 무)
無 없을 무	• 無勝(무승): 경기(내기)에서 이긴 일이 **없음**. • 有口無言(유구무언): 입은 있으나 할 말이 **없음**.
勝 이길 승	• 多勝(다승): 경기 따위에서, **이긴** 횟수가 많음. 또는 그런 일 • 勝利(승리): 겨루어서 **이김**.

3전 0승 3패

한자 쏙쏙 — 한자의 뜻과 음(소리)을 큰소리로 읽으며, 순서에 맞게 쓰세요.

丶 ㇀ 亅 永 永					ノ ナ 才 冇 有 有				
永	永	永			有	有	有		
길 영	길 영	길 영			있을 유	있을 유	있을 유		

ノ ㇀ 二 仁 上 上 無 無 無 無					ノ 月 月 月 月' 月' 朕 朕 勝 勝				
無	無	無			勝	勝	勝		
없을 무	없을 무	없을 무			이길 승	이길 승	이길 승		

❗ 永: '水(물 수)'와 혼동하지 않도록 주의함.

생활 쏙쏙 — 한자로 쓰인 한자어의 음(소리)을 쓰세요.

(1) 일본은 조선의 永有(＿＿＿＿) 정책을 꾀하였습니다.

(2) 우리 팀은 독일 팀을 상대로 無勝(＿＿＿＿) 행진을 마감하였습니다.

📅 _____월 _____일

물이 조금씩 **사라질 소**   다 사라져 **잃을 실**
크고 굳세 **강할 강**   여리여리 **약할 약**

♪한자 동요

⑤ **消** 사라질 소
- **消去**(소거): **없앰**. 또는 그런 일
- **消火**(소화): 불을 끔.
- ⭐ 뜻이 같거나 비슷한 한자: 消 ≒ 失(잃을 실)

⑤ **失** 잃을 실
- **失業**(실업): 생업(살아가기 위해 하는 일)을 잃음.
- **失意**(실의): 뜻이나 의욕을 잃음.

⑤ **強** 강할 강
- **強力**(강력): 힘이나 영향이 **강함**.
- **強大國**(강대국): 병력이 강하고 영토가 넓어 **힘이 센** 나라

⑤ **弱** 약할 약
- **強弱**(강약): 강하고 **약함**. 또는 그런 정도
- **弱者**(약자): 힘이나 세력이 **약한** 사람
- ⭐ 뜻이 반대(상대)되는 한자: 弱 ↔ 強(강할 강)

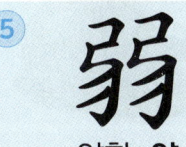 한자의 뜻과 음(소리)을 큰소리로 읽으며, 순서에 맞게 쓰세요.

丶丶氵氵氵氵消消消					ノ 一 二 失 失			
消	消	消		失	失	失	
사라질 소	사라질 소	사라질 소		잃을 실	잃을 실	잃을 실	

ㄱ ㄱ 弓 弓 弓' 弓' 弓' 强 强					ㄱ ㄱ 弓 弓 弓' 弓' 弱 弱 弱			
強	強	強		弱	弱	弱	
강할 강	강할 강	강할 강		약할 약	약할 약	약할 약	

🌱 **생활 쏙쏙** 한자로 쓰인 한자어의 음(소리)을 쓰세요.

(1) 산불이 나서 많은 문화재가 **消失**(_____)되었습니다.
(2) 악기를 연주할 때는 **強弱**(_____) 조절을 잘해야 합니다.

25 상태 한자

♪ 한자 동요

사람이 고쳐 **편할 편**   벼를 베어 **이로울 리**
집 안에 여자 **편안할 안**   옥을 들여 **온전할 전**

⑤ **便** 편할 편
- 用便(용변): 대변이나 소변을 봄. 대소변
- 便安(편안): 편하고 걱정 없이 좋음.
- ⭐ 여러 가지 뜻과 음을 가진 한자: 便(편할 편 / 똥 오줌 변)

⑤ **利** 이로울 리
- 有利(유리): **이익**이 있음.
- 便利(편리): 편하고 **이로우며** 이용하기 쉬움.

安 편안할 안
- 安樂(안락): 몸과 마음이 **편안하고** 즐거움.
- 安全(안전): 위험이 생기거나 사고가 날 염려가 없음. 또는 그런 상태
- ⭐ 뜻이 같거나 비슷한 한자: 安 ≒ 便(편할 편)

全 온전할 전
- 全面(전면): 모든 면. 모든 부문
- 全心全力(전심전력): 온 마음과 온 힘
- ▶ '全'은 '모두', '다'라는 뜻이 있음.

 **한자 쓱쓱** 한자의 뜻과 음(소리)을 큰소리로 읽으며, 순서에 맞게 쓰세요.

ノ 亻 亻 仁 仁 佢 佢 便 便				ノ 二 千 千 禾 禾 利 利			
便	便	便		利	利	利	
편할 편	편할 편	편할 편		이로울 리	이로울 리	이로울 리	

` 宀 宀 宁 安 安				ノ 入 仝 슦 仐 全			
安	安	安		全	全	全	
편안할 안	편안할 안	편안할 안		온전할 전	온전할 전	온전할 전	

🌱 **생활 쓱쓱** 한자로 쓰인 한자어의 음(소리)을 쓰세요.

(1) 과학 기술이 발달하여 우리 생활은 많이 **便利**(＿＿＿＿)해졌습니다.

(2) 여름철 물놀이를 할 때는 **安全**(＿＿＿＿) 수칙을 잘 지켜야 합니다.

애타는 마음 **급할 급** 발걸음이 **빠를 속**
아직 아닌 **아니 불** 부모 업어 **효도 효**

급할 **급**
- 性急(성급): 성질이 **급함**.
- 時急(시급): 시각을 다툴 만큼 몹시 절박하고 **급함**.

速
빠를 **속**
- 急速(급속): 급하고 **빠름**.
- 速力(속력): 속도의 크기. 속도를 이루는 힘

不
아니 **불**
- 不正(부정): 올바르지 **않음**. 옳지 못함.
- 不明(불명): 분명하지 **아니함**.
  ▶ '不' 뒤에 ㄷ, ㅈ이 올 때는 '부'로 읽음.

孝
효도 **효**
- 不孝(불효): 어버이를 효성스럽게 잘 섬기지 아니하여 자식 된 도리를 하지 못함.
- 孝道(효도): 부모를 잘 섬기는 도리

한자 쏙쏙 한자의 뜻과 음(소리)을 큰소리로 읽으며, 순서에 맞게 쓰세요.

ノ ク 今 冬 刍 刍 急 急 急	一 一 一 一 中 束 束 凍 涑 涑 速
急 急 急	速 速 速
급할 급	빠를 속

一 ア 不 不	一 + 土 耂 耂 孝 孝
不 不 不	孝 孝 孝
아니 불	효도 효

생활 쏙쏙 한자로 쓰인 한자어의 음(소리)을 쓰세요.

(1) 태풍이 우리나라 쪽으로 急速(　　　)히 다가오고 있습니다.
(2) 어머님, 이 不孝(　　　) 자식을 용서해 주십시오.

26 행동 한자

칼로 반반 **나눌 분**   같지 않아 **다를 별**
뒤집어서 **돌이킬 반**   눈을 뜨고 **살필 성**

分 나눌 분
- 分別(분별): 서로 다른 일이나 사물을 구별하여 가름.
- 分業(분업): 일을 나누어서 함.

別 다를 별 ⑤
- 性別(성별): 남녀나 암수의 구별
- 有別(유별): 다름이 있음.

反 돌이킬 반 ⑤
- 反對(반대): 두 사물이 서로 맞서 있는 상태
- 反問(반문): 물음에 대답하지 아니하고 되받아 물음. 또는 그 물음

省 살필 성 ⑤
- 反省(반성): 잘못이나 부족함이 없는지 돌이켜 봄.
- 自省(자성): 스스로 반성함.
- ⭐ 여러 가지 뜻과 음을 가진 한자: 省(살필 성 / 덜 생)

한자 쏙쏙 한자의 뜻과 음(소리)을 큰소리로 읽으며, 순서에 맞게 쓰세요.

丶 八 分 分
分 나눌 분

丨 口 口 另 別 別
別 다를 별

一 厂 厅 反
反 돌이킬 반

丨 ⺌ 小 少 少 省 省 省
省 살필 성

생활 쏙쏙 한자로 쓰인 한자어의 음(소리)을 쓰세요.

(1) 그는 모든 일에 적극적이고 分別(　　　) 있게 행동합니다.

(2) 오늘 교실에서 친구와 다툰 뒤 反省(　　　)문을 썼습니다.

한숨 돌려 **다행 행**   빙빙 돌아 **움직일 운**
마주 보고 **대답할 대**   땅을 딛고 **설 립**

幸 다행 행
- 不幸(불행): 행복하지 아니함.
- 千萬多幸(천만다행): 아주 다행함.

運 움직일 운
- 運行(운행): 정해진 길을 따라 차량 따위를 운전하여 다님.
- 幸運(행운): 좋은 운수. 또는 행복한 운수

對 대답할 대
- 對答(대답): 부르는 말에 응하여 말함.
- 對話(대화): 마주 대하여 이야기를 주고받음. 또는 그 이야기

立 설 립
- 對立(대립): 서로 반대되거나 모순됨.
- 立席(입석): 지정된 자리가 없어 서서 타거나 구경하는 자리

📝 **한자 쓱쓱** 한자의 뜻과 음(소리)을 큰소리로 읽으며, 순서에 맞게 쓰세요.

一 十 土 十 去 去 去 幸				丿 冂 冖 冃 宫 宫 宣 軍 軍 運 運 運			
幸	幸	幸		運	運	運	
다행 행	다행 행	다행 행		움직일 운	움직일 운	움직일 운	

丨 丷 业 业 业 业 丵 丵 丵 對 對				丶 亠 立 立			
對	對	對		立	立	立	
대답할 대	대답할 대	대답할 대		설 립	설 립	설 립	

🌱 **생활 쑥쑥** 한자로 쓰인 한자어의 음(소리)을 쓰세요.

(1) 당신을 만난 것은 나의 인생에 가장 큰 **幸運**(＿＿ ＿＿)입니다.

(2) 노사 간 **對立**(＿＿ ＿＿)과 갈등이 심해지고 있습니다.

27 행동 한자

♪한자동요

크고 살찐 양 **아름다울 미**   이리저리 **다닐 행**
말을 쓱쓱 **기록할 기**   안으로 쏙 **들 입**

⑤ **美** 아름다울 미	• 美行(미행): **아름다운** 행동 • 八方美人(팔방미인): 어느 모로 보나 **아름다운** 사람	
⑤ **行** 다닐 행	• 代行(대행): 남을 대신하여 **행함**. • 言行(언행): 말과 **행동**을 아울러 이르는 말	
記 기록할 기	• 記入(기입): 수첩, 문서 따위에 **적어 넣음**. • 日記(일기): 날마다 그날그날 겪은 일이나 생각을 **적는** 개인의 기록	
入 들 입	• 入金(입금): 돈을 **들여놓음**. 또는 그 돈 • 出入(출입): 어느 곳을 나가고 **들어오고** 함. ⭐ 뜻이 반대(상대)되는 한자: 入 ↔ 出(날 출)	

 **한자 쓱쓱**   한자의 뜻과 음(소리)을 큰소리로 읽으며, 순서에 맞게 쓰세요.

` ` ` ` ` 羊 羊 美 美				` ` ` 彳 彳 行		
美	美	美		行	行	行
아름다울 미	아름다울 미	아름다울 미		다닐 행	다닐 행	다닐 행
` ` ` ` 言 言 言 記 記 記				` 入		
記	記	記		入	入	入
기록할 기	기록할 기	기록할 기		들 입	들 입	들 입

❗ 入: '八(여덟 팔)', '人(사람 인)'과 혼동하지 않도록 주의함.

🌱 **생활 쓱쓱**   한자로 쓰인 한자어의 음(소리)을 쓰세요.

(1) 20년 간 남몰래 불우 이웃을 도와 온 할머니의 美行(_____)이 알려졌습니다.

(2) 나는 용돈을 사용한 뒤에는 꼭 용돈 記入(_____)장을 적습니다.

📅 _____월 _____일

♪한자 동요

멀리 저 멀리 **갈 거**   더 가까이 **올 래**
활짝 열어 **열 개**   훤히 보여 **보일 시**

⑤ **去** 갈 거
來 올 래

- **去來**(거래): 오고 **감**. 주고받음. 사고팖.
- **去言美來言美**(거언미래언미): **가는** 말이 고와야 **오는** 말이 고움.
  ★ 뜻이 반대(상대)되는 한자: 去 ↔ 來(올 래)
- **外來**(외래): 밖에서 **옴**. 다른 나라에서 **옴**.
- **空手來空手去**(공수래공수거): 빈손으로 **왔다가** 빈손으로 **감**. 재물에 욕심을 부릴 필요가 없음.

⑤ **開** 열 개

- **開始**(개시): 행동이나 일을 **시작함**.
- **開通**(개통): 길, 다리 등을 완성하거나 이어 통하게 함.

⑤ **示** 보일 시

- **開示**(개시): 열어서 **보임**.
- **明示**(명시): 분명하게 드러내 **보임**.

✏️ **한자 쑥쑥** 한자의 뜻과 음(소리)을 큰소리로 읽으며, 순서에 맞게 쓰세요.

一 十 土 去 去				
去	去	去		
갈 거	갈 거	갈 거		

ー アー 厂 厂 厂 來 來 來				
來	來	來		
올 래	올 래	올 래		

l 「 厂 F F 門 門 門 門 閂 開 開				
開	開	開		
열 개	열 개	열 개		

一 二 テ 亍 示				
示	示	示		
보일 시	보일 시	보일 시		

🌱 **생활 쑥쑥** 한자로 쓰인 한자어의 음(소리)을 쓰세요.

(1) 어머니는 이웃과 **去來**(_____ _____)가 잦습니다.
(2) 1970년에 경부 고속 도로가 **開通**(_____ 통)되었습니다.

한자 도레미

28 와우! 내 실력!

1 [가로 열쇠]와 [세로 열쇠]를 참고하여 빈칸에 들어갈 한자를 쓰세요.

① 空	㉠		
	② 心	㉡	
㉢ 大		③ 急	㉣
④		信		力

🔑 가로 열쇠
① 하늘과 땅 사이의 빈 곳
② 타고난 마음씨
③ 급하고 빠름.
④ 작은 신뢰와 의리

🔑 세로 열쇠
㉠ 사물의 한가운데
㉡ 성질이 급함.
㉢ 속도의 빠르기. 속도를 이루는 힘
㉣ 크고 작음.

2 [　] 안의 한자와 뜻이 같거나 비슷한 한자를 골라 번호를 쓰세요.

(1) [太] 　① 大 　② 直 　③ 示 　④ 行 　(　　)
(2) [消] 　① 勇 　② 失 　③ 重 　④ 記 　(　　)
(3) [便] 　① 安 　② 開 　③ 美 　④ 入 　(　　)

3 [　] 안의 한자와 뜻이 반대(상대)되는 한자를 골라 번호를 쓰세요.

(1) [强] 　① 心 　② 弱 　③ 空 　④ 性 　(　　)
(2) [樂] 　① 信 　② 苦 　③ 幸 　④ 不 　(　　)
(3) [去] 　① 運 　② 立 　③ 急 　④ 來 　(　　)

📅 _____월 _____일

4 보기 의 단어들과 관련이 깊은 한자를 골라 번호를 쓰세요. ( )

> 보기
> 길이   맥박   촌수

① 正   ② 開   ③ 寸   ④ 美

5 한자의 훈(뜻)과 음(소리)을 쓰세요.

(1) 勇 ( )   (2) 孝 ( )
(3) 感 ( )   (4) 幸 ( )
(5) 氣 ( )   (6) 運 ( )

6 ○ 안에 공통으로 들어갈 한자를 보기 에서 찾아 쓰세요.

> 보기
> 不   別   永   對   勝   便

(1) 有○   性○   分○   ( )
(2) ○答   ○話   ○立   ( )
(3) 用○   ○利   ○安   ( )

7 보기 의 내용에 맞게 ○ 안에 적당한 한자를 넣어 한자성어를 완성하세요.

> 보기
> 입은 있어도 말은 없다는 뜻으로,
> 변명할 말이 없거나 변명을 못함을 이르는 말

• ○口○言   (,)

29 학교 한자

준5급 준비생은 ⑤ 표시된 한자를 제외하고 공부하세요.
(⑤ : 5급에 새로 나온 한자)

♪한자동요

높이 발을 올려서 **오를 등**   가르치고 배우는 **학교 교**
손을 쥐었다 활짝 펴서 **놓을 방**   양손에 책 들고 **배울 학**

登 오를 등
- 登校(등교): 학교에 감.
- 登山(등산): 산에 오름.

校 학교 교
- 校長(교장): 학교의 으뜸 직위
- 學校(학교): 일정한 제도 및 법규 등에 따라 학생에게 교육을 실시하는 기관

⑤ **放** 놓을 방
- 開放(개방): 문이나 공간 따위를 열어 자유롭게 드나들고 이용하게 함.
- 放學(방학): 일정 기간 동안 학업을 쉬는 일

學 배울 학
- 入學(입학): 학교에 들어감.
- 學生(학생): 배우는 사람

📝 **한자 쏙쏙** 한자의 뜻과 음(소리)을 큰소리로 읽으며, 순서에 맞게 쓰세요.

フ ㄱ ㅅ ㅆ ㅆ ㅆ ㅆ 登 登 登	登 登 登
오를 등	오를 등 오를 등

一 十 才 木 木 木 杧 枋 校
校 校 校
학교 교 학교 교 학교 교

ㆍ 二 亠 方 方 於 放 放
放 放 放
놓을 방 놓을 방 놓을 방

´ ´´ ʹʹ ʹʹ ʹʹ ʹʹ ʹʹ ʹʹ 臼 臼 臼 與 學 學
學 學 學
배울 학 배울 학 배울 학

🌱 **생활 쏙쏙** 한자로 쓰인 한자어의 음(소리)을 쓰세요.

(1) 나는 항상 동생과 함께 登校(_____)합니다.

(2) 내일부터 여름 放學(_____)이 시작됩니다.

 정답 및 해설은 **184쪽**

📅 _____ 월 _____ 일

 멀리 발을 뻗어서 **날 출**   사람이 앉아 있는 **자리 석**
포개 놓은 듯 꼭 맞아 **마땅할 당**   서로 번갈아들어 **차례 번**

出 날 출
- **日出**(일출): 해가 **나옴**.
- **出國**(출국): 나라의 국경 밖으로 **나감**.
- ⭐ 뜻이 반대(상대)되는 한자: 出 ↔ 入(들 입)

⑤ **席** 자리 석
- **空席**(공석): 빈**자리**
- **出席**(출석): 어떤 **자리**에 나아가 참석함.
- ⭐ 뜻이 같거나 비슷한 한자: 席 ↔ 位(자리 위)

⑤ **當** 마땅할 당
- **當時**(당시): 일이 있었던 바로 그때
- **正當**(정당): 이치에 맞아 올바르고 **마땅함**.

⑤ **番** 차례 번
- **當番**(당번): 어떤 일을 책임지고 돌보는 **차례**가 됨. 또는 그 **차례**가 된 사람
- **每番**(매번): 각각의 **차례**

📝 **한자 쓱쓱** 한자의 뜻과 음(소리)을 큰소리로 읽으며, 순서에 맞게 쓰세요.

ㅣ ㅑ 屮 出 出				丶 亠 广 广 庁 庐 庐 席 席			
出	出	出		席	席	席	
날 출	날 출	날 출		자리 석	자리 석	자리 석	
ㅣ ㅛ ㅛ 屮 屮 当 尚 尚 當 當 當				一 ㄇ ㅁ 끄 平 乎 采 采 番 番 番			
當	當	當		番	番	番	
마땅할 당	마땅할 당	마땅할 당		차례 번	차례 번	차례 번	

🌱 **생활 쑥쑥** 한자로 쓰인 한자어의 음(소리)을 쓰세요.

(1) 선생님께서 **出席**(_____)을 부르십니다.
(2) 청소 **當番**(_____)을 제외하고 모든 학생이 집으로 돌아갔습니다.

30 학교 한자

♪ 한자 동요

글을 보고 헤아려 **읽을 독**   글자로 나타낸 뜻 **글 서**
파닥파닥 날갯짓 **익힐 습**   뚝딱딱 만들어 **지을 작**

讀 읽을 독 ⑤
- **讀書**(독서): 책을 읽음.
- **讀者**(독자): 책, 신문, 잡지 등의 글을 읽는 사람

書 글 서 ⑤
- **古書**(고서): 아주 오래전에 간행된 **책**
- **文書**(문서): 글이나 기호 따위로 의사나 관념 또는 사상을 나타낸 것
▶ '書'는 '책'이라는 뜻이 있음.

習 익힐 습 ⑤
- **習作**(습작): 시, 소설, 그림 등의 작법이나 기법을 **익히려고** 연습 삼아 짓거나 그려 봄.
- **自習**(자습): 혼자의 힘으로 배워서 **익힘**.

作 지을 작 ⑤
- **工作**(공작): 물건을 만듦.
- **作品**(작품): 만든 물품

✏️ 한자 쓱쓱 한자의 뜻과 음(소리)을 큰소리로 읽으며, 순서에 맞게 쓰세요.

` ｀ ｜ ｜ 言 言 言 訁 訁 讀 讀 讀 讀
讀 / 讀 / 讀
읽을 독

ㄱ ㅋ ㅋ 글 聿 聿 書 書 書 書
書 / 書 / 書
글 서

ㄱ ㅋ ㅋ ㅋㄱ ㅋㅋ ㅋㅋ 習 習 習 習
習 / 習 / 習
익힐 습

ノ イ 亻 伫 作 作 作
作 / 作 / 作
지을 작

⚠ 書: '畫(낮 주)'와 혼동하지 않도록 주의함.

🌱 생활 쑥쑥 한자로 쓰인 한자어의 음(소리)을 쓰세요.

(1) 讀書(_____)는 글쓰기의 밑바탕이 됩니다.
(2) 꾸준한 習作(_____)을 통해 문장력을 키웠습니다.

> 정답 및 해설은 **184쪽**

📅 _____ 월 _____ 일

♪한자 동요

오므린 것 벌어져 **필 발**   밖으로 드러난 것 **겉 표**
영차영차 애쓰는 **공 공**   으라차 힘쓰는 **힘 력**

⑤ 發 필 발
- **發見**(발견): 아직 알려지지 아니한 사물이나 현상, 사실 따위를 **찾아냄**.
- **發花**(발화): 꽃이 **핌**.
- ▶ '發'은 '드러내다', '일어나다'라는 뜻이 있음.

⑤ 表 겉 표
- **發表**(발표): 어떤 사실이나 결과, 작품 따위를 세상에 널리 **드러내어 알림**.
- **表示**(표시): **겉으로 드러내 보임**.

⑤ 功 공 공
- **功力**(공력): 애써서 들이는 **정성과 힘**
- **成功**(성공): 공을 이룸.

力 힘 력
- **全力**(전력): 모든 힘
- **活力**(활력): 살아 움직이는 힘

✏️ **한자 쓱쓱**   한자의 뜻과 음(소리)을 큰소리로 읽으며, 순서에 맞게 쓰세요.

ㄱ ㄱ' ㄱ'' 癶 癶 癶 癸 発 発 發				一 二 キ 主 ま 表 表 表			
發	發	發		表	表	表	
필 발	필 발	필 발		겉 표	겉 표	겉 표	

一 丁 工 玎 功				ㄱ 力			
功	功	功		力	力	力	
공 공	공 공	공 공		힘 력	힘 력	힘 력	

🌱 **생활 쏙쏙**   한자로 쓰인 한자어의 음(소리)을 쓰세요.

(1) 손을 들고 의견을 **發表**(_____)합니다.
(2) 그는 작품을 완성하기 위해 모든 **功力**(_____)을 쏟았습니다.

한자 도레미

31 학교 한자

알쏭달쏭 궁금해 **물을 문**   무엇이든 척척 **대답 답**
번쩍 눈 떠 이리저리 **볼 견**   쫑긋 귀 세우고 **들을 문**

♪한자동요

問 물을 문
- 問答(문답): 묻고 대답함.
- 問安(문안): 안부를 물음.
- ★ 뜻이 반대(상대)되는 한자: 問 ↔ 答(대답 답)

答 대답 답
- 正答(정답): 옳은 답
- 東問西答(동문서답): 동쪽을 묻는 데 서쪽을 대답함. 물음과 상관없는 엉뚱한 대답

⑤ **見** 볼 견
- 見聞(견문): 보고 들음. 보거나 듣거나 하여 깨달아 얻은 지식
- 見物生心(견물생심): 어떠한 실물을 보게 되면 그것을 가지고 싶은 욕심이 생김.

⑤ **聞** 들을 문
- 所聞(소문): 사람들 입에 오르내려 전하여 들리는 말
- 新聞(신문): 새로운 소식이나 견문

✏️ **한자 쏙쏙** 한자의 뜻과 음(소리)을 큰소리로 읽으며, 순서에 맞게 쓰세요.

丨 冂 冂 門 門 門 門 問 問	／ ノ ／ ╱ 竹 竺 竺 炊 答 答
問 問 問	答 答 答
물을 문 물을 문 물을 문	대답 답 대답 답 대답 답

丨 冂 冂 冃 目 見	丨 冂 冂 門 門 門 門 門 間 聞 聞 聞 聞
見 見 見	聞 聞 聞
볼 견 볼 견 볼 견	들을 문 들을 문 들을 문

❗ '問(물을 문)'과 '聞(들을 문)'을 혼동하지 않도록 주의함.

🌱 **생활 쏙쏙** 한자로 쓰인 한자어의 음(소리)을 쓰세요.

(1) 강연이 끝나고 問答(_____)하는 시간을 가졌습니다.
(2) 방학 동안 여행을 하며 見聞(_____)을 넓혔습니다.

도드라져 눈에 띈 **꽃부리 영**　새싹처럼 자라는 **재주 재**
가르치고 키우는 **기를 육**　뜻대로 생각대로 **이룰 성**

♪한자 동요

⑤ 英 꽃부리 영
- **英才**(영재): 아주 두드러지게 **뛰어난** 재주. 또는 그런 사람
- **育英**(육영): **영재**를 가르쳐 기름. 교육
  ▸ '英'은 '뛰어나다'라는 뜻이 있음.

⑤ 才 재주 재
- **人才**(인재): 재주가 뛰어난 사람
- **天才**(천재): 선천적으로 타고난, 남보다 뛰어난 **재주**. 또는 그런 **재능**을 가진 사람

育 기를 육
- **敎育**(교육): 지식과 기술 따위를 가르치며 인격을 길러 줌.
- **育成**(육성): 길러 자라게 함.

⑤ 成 이룰 성
- **成事**(성사): 일을 **이룸**.
- **作成**(작성): 만들어 **이룸**.

📝 **한자 쏙쏙**　한자의 뜻과 음(소리)을 큰소리로 읽으며, 순서에 맞게 쓰세요.

一 十 十 艹 艹 荠 英 英				一 十 才			
英	英	英		才	才	才	
꽃부리 영	꽃부리 영	꽃부리 영		재주 재	재주 재	재주 재	

丶 亠 丄 玄 产 育 育 育				ノ 厂 厂 F 成 成 成			
育	育	育		成	成	成	
기를 육	기를 육	기를 육		이룰 성	이룰 성	이룰 성	

❗ 成: 3획과 4획을 한 번에 쓰지 않도록 주의함.

🌱 **생활 쏙쏙**　한자로 쓰인 한자어의 음(소리)을 쓰세요.

(1) 이 학교는 과학 **英才**(　　　)를 기르기 위해 심화 교육 과정을 운영하고 있습니다.

(2) 그는 은퇴 후 선수들을 **育成**(　　　)하는 데 힘쓰고 있습니다.

32 학교 한자

조곤조곤 말소리 **말씀 언**   내 입에서 나온 말 **말씀 어**
아로새긴 무늬 **글월 문**   내용을 구분해 **글 장**

言 말씀 언
- **言語**(언어): 생각, 느낌 따위를 나타내거나 전달하는 데 쓰는 음성, 문자 따위의 수단
- **言行**(언행): 말과 행동

語 말씀 어
- **國語**(국어): 한 나라의 국민이 쓰는 말
- **用語**(용어): 일정한 분야에서 주로 사용하는 말
- ★ 뜻이 같거나 비슷한 한자: 語 ≒ 言(말씀 언)

文 글월 문
- **前文**(전문): 한 편의 글에서 앞부분에 해당하는 글
- **全文**(전문): 어떤 글의 전체
- ▶ '글월'은 예전에 '글자'를 이르는 말임.

章 글 장
- **文章**(문장): 생각이나 감정을 언어로 표현할 때 완결된 내용을 나타내는 최소의 단위
- ★ 뜻이 같거나 비슷한 한자: 章 ≒ 文(글월 문) ≒ 書(글 서)

📝 **한자 쓱쓱** 한자의 뜻과 음(소리)을 큰소리로 읽으며, 순서에 맞게 쓰세요.

、亠言言言言				、亠言言言訂語語語		
言	言	言		語	語	語
말씀 언	말씀 언	말씀 언		말씀 어	말씀 어	말씀 어

、亠ナ文				、亠ㅛ产音音音音章章		
文	文	文		章	章	章
글월 문	글월 문	글월 문		글 장	글 장	글 장

🌱 **생활 쑥쑥** 한자로 쓰인 한자어의 음(소리)을 쓰세요.

(1) 한국어는 높임법이 발달한 言語(_____)입니다.

(2) 맞춤법에 어긋난 文章(_____)을 찾아 바르게 고쳤습니다.

깊은 마음의 소리 **뜻 의**   알록달록 예쁘게 **그림 도**
책임감 있게 이끄는 **주인 주**   대표가 되는 이름 **제목 제**

意 뜻 의
- **意圖**(의도): 무엇을 하고자 하는 **생각**이나 **계획**
- **意見**(의견): **뜻**과 견해. 어떤 대상에 대하여 가지는 **생각**

圖 그림 도
- **圖書**(도서): **그림**, 글씨, 책 따위를 통틀어 이르는 말
- **地圖**(지도): 지구 표면의 상태를 일정한 비율로 줄여서 평면에 나타낸 **그림**

主 주인 주
- **犬主**(견주): 개의 **주인**
- **主語**(주어): 문장의 **주체**가 되는 말

題 제목 제
- **問題**(문제): 해답을 요구하는 **물음**
- **主題**(주제): 중심이 되는 **문제**. 지은이가 나타내고자 하는 기본적인 사상

한자 쏙쏙 한자의 뜻과 음(소리)을 큰소리로 읽으며, 순서에 맞게 쓰세요.

、一十立产音音音意意意
意 / 意 / 意
뜻 의 / 뜻 의 / 뜻 의

ㅣ冂冂冂冋冋周周圖圖圖圖
圖 / 圖 / 圖
그림 도 / 그림 도 / 그림 도

、一二主
主 / 主 / 主
주인 주 / 주인 주 / 주인 주

ㅣ日旦早早是是是題題題題
題 / 題 / 題
제목 제 / 제목 제 / 제목 제

생활 쏙쏙 한자로 쓰인 한자어의 음(소리)을 쓰세요.

(1) 머리말을 읽으며 작가의 **意圖**(_____)를 짐작해 보았습니다.
(2) **主題**(_____)에 맞게 글의 내용을 전개합니다.

33 학교 한자

모두가 한 마음 **한가지 동**   말하고 노래하는 **소리 음**
리듬 있는 짧은 글 **글 시**   신나게 부르는 **노래 가**

♪한자 동요

同 한가지 동	• 同意(동의): 같은 의미. 뜻을 같이함. • 合同(합동): 여럿이 모여 행동이나 일을 함께함.
⑤ 音 소리 음	• 同音(동음): 같은 소리 • 和音(화음): 높이가 다른 둘 이상의 음이 함께 울릴 때 어울리는 소리
⑤ 詩 글 시	• 詩歌(시가): 시와 노래. 가사를 포함한 시 문학을 통틀어 이르는 말 • 詩人(시인): 시를 전문적으로 짓는 사람
歌 노래 가	• 歌手(가수): 노래 부르는 것이 직업인 사람 • 軍歌(군가): 군대의 사기를 북돋우기 위하여 부르는 노래

미안해.
사과
1. 사과나무의 열매
2. 용서를 빎.

한자 쏙쏙
한자의 뜻과 음(소리)을 큰소리로 읽으며, 순서에 맞게 쓰세요.

생활 쏙쏙
한자로 쓰인 한자어의 음(소리)을 쓰세요.

(1) 과일 '배'와 신체 '배'는 同音(＿＿＿)이의어입니다.

(2) 조선 전기에는 詩歌(＿＿＿) 문학이 발달하였습니다.

월 일

♪한자 동요

크고 넓은 물 이름 **한수 한**   또박또박 말 적는 **글자 자**
많은 사람을 이끌어 **거느릴 부**   몸과 맘 거느려 **머리 수**

| 漢 한수 한 | • 漢文(한문): **중국** 고전의 문장. 한자로 쓰인 문장이나 문학
• 漢字(한자): **중국**에서 만들어 오늘날에도 쓰고 있는 문자 |
| 字 글자 자 | • 字間(자간): **글자**와 **글자** 사이
• 一字千金(일자천금): **글자** 하나가 천금의 가치가 있음. 글씨나 문장이 아주 훌륭함. |

| ⑤ 部 거느릴 부 | • 部分(부분): 전체를 이루는 작은 범위
• 一部(일부): 한 **부분** |
| ⑤ 首 머리 수 | • 部首(부수): 한자 자전에서 글자를 찾는 길잡이 역할을 하는 공통되는 글자의 한 부분
• 首席(수석): 등급이나 직위 따위에서 맨 윗자리 |

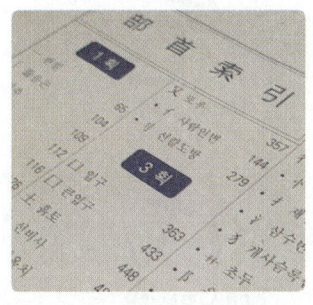

✏️ **한자 쏙쏙** 한자의 뜻과 음(소리)을 큰소리로 읽으며, 순서에 맞게 쓰세요.

丶丶氵氵汁汁汁洪洪洪滢漢漢				丶丶宀宁宁字			
漢	漢	漢		字	字	字	
한수 한	한수 한	한수 한		글자 자	글자 자	글자 자	
丶一丶于立产音音音部部				丶丶丷业半首首首首			
部	部	部		首	首	首	
거느릴 부	거느릴 부	거느릴 부		머리 수	머리 수	머리 수	

🌱 **생활 쏙쏙** 한자로 쓰인 한자어의 음(소리)을 쓰세요.

(1) 모르는 漢字(_____)를 자전에서 찾아보았습니다.

(2) 部首(_____)색인법을 이용해 자전에서 한자를 찾아봅시다.

한자 도레미 73

34 학교 한자

머리 부분 강조해 **으뜸 원** 어떤 일의 가장 앞 **처음 시**
누구보다 빠르게 **먼저 선** 앞뒤 사람 번갈아 **대신할 대**

元 으뜸 원
- 元首(원수): 한 나라에서 **으뜸**가는 권력을 지니면서 나라를 다스리는 사람
- 元日(원일): **으뜸** 날. 설날

始 처음 시
- 始作(시작): 일이나 행동의 **처음** 단계를 이루거나 그렇게 하게 함.
- 元始(원시): 시작하는 **처음**

先 먼저 선
- 先代(선대): 조상의 세대
- 先後(선후): **먼저**와 나중
- '先'은 '조상'이라는 뜻이 있음.

代 대신할 대
- 代代(대대): 거듭된 여러 대
- 代身(대신): 어떤 대상의 자리나 구실을 **바**꾸어서 새로 맡음.
- '代'는 '세대'라는 뜻이 있음.

📝 한자 쏙쏙 한자의 뜻과 음(소리)을 큰소리로 읽으며, 순서에 맞게 쓰세요.

一 二 テ 元				ㄴ ㄴ 女 女 女 如 始 始			
元	元	元		始	始	始	
으뜸 원	으뜸 원	으뜸 원		처음 시	처음 시	처음 시	

ノ ㅗ ㅛ 生 先 先				ノ イ イ 代 代			
先	先	先		代	代	代	
먼저 선	먼저 선	먼저 선		대신할 대	대신할 대	대신할 대	

🌱 생활 쏙쏙 한자로 쓰인 한자어의 음(소리)을 쓰세요.

(1) 元始(_____) 시대에는 특정한 주거 형태 없이 굴에서 살았습니다.

(2) 先代(_____)로부터 물려받은 문화유산을 소중하게 다룹시다.

> 정답 및 해설은 **184쪽**

📅 _____월 _____일

♪ 한자 동요

신비한 힘을 가진 **귀신 신**　삼가 조심스런 말 **말씀 화**
흙덩이 위에 새싹이 **있을 재**　사람이 서 있는 **자리 위**

⑤ 神 귀신 신
- **神話**(신화): 고대인의 생각이나 상징이 반영된 **신성한** 이야기
- **海神**(해신): 바다를 다스리는 **신**

⑤ 話 말씀 화
- **通話**(통화): 전화로 **말**을 주고받음.
- **話者**(화자): **말**하는 사람
  ⭐ 뜻이 같거나 비슷한 한자: 話 ≒ 言(말씀 언) ≒ 語(말씀 어)

⑤ 在 있을 재
- **不在**(부재): 그곳에 **있지** 아니함.
- **所在**(소재): **있는** 곳
  ⭐ 뜻이 같거나 비슷한 한자: 在 ≒ 有(있을 유)

位 자리 위
- **在位**(재위): 임금의 **자리에** 있음.
- **地位**(지위): 개인의 사회적 신분에 따르는 **위치나 자리**

✏️ **한자 쏙쏙**　한자의 뜻과 음(소리)을 큰소리로 읽으며, 순서에 맞게 쓰세요.

一 丁 亓 亓 示 和 利 神 神	ˋ 一 ㅡ 亖 言 言 言 訁 訂 評 話 話
神 神 神	話 話 話
귀신 신	말씀 화

一 ナ 才 在 在 在	ノ 亻 亻 亻 付 位 位
在 在 在	位 位 位
있을 재	자리 위

🌱 **생활 쏙쏙**　한자로 쓰인 한자어의 음(소리)을 쓰세요.

(1) 神話(_____ _____)는 그 민족이 가지는 세계상을 잘 나타냅니다.

(2) 영조는 조선 시대의 역대 임금 중에서 **在位**(_____ _____) 기간이 가장 깁니다.

한자 도레미

35 학교 한자

♪한자 동요

형체를 갖춘 것 **물건 물**   이치대로 보살펴 **다스릴 리**
한데 모인 동아리 **무리 등**   소리쳐 부르는 **이름 호**

物 물건 물	• 萬物(만물): 세상에 있는 모든 것 • 事物(사물): 일과 물건
⑤ 理 다스릴 리	• 代理(대리): 남을 대신하여 일을 처리함. • 物理(물리): 사물의 이치. 자연 현상의 보편적 법칙을 연구하는 자연 과학의 한 분야 ▷ '理'는 '이치'라는 뜻이 있음.
⑤ 等 무리 등	• 同等(동등): 등급이 같음. • 等號(등호): 두 식 또는 두 수가 같음을 나타내는 부호 '='를 이르는 말
⑤ 號 이름 호	• 國號(국호): 나라의 이름 • 番號(번호): 차례를 나타내거나 식별하기 위해 붙이는 숫자 ★ 뜻이 같거나 비슷한 한자: 號 ≒ 名(이름 명)

✏️ **한자 쏙쏙** 한자의 뜻과 음(소리)을 큰소리로 읽으며, 순서에 맞게 쓰세요.

ノ ノ 十 十 片 牝 物 物				一 二 F 王 刵 玾 理 理 理		
物	物	物		理	理	理
물건 물	물건 물	물건 물		다스릴 리	다스릴 리	다스릴 리
ノ ト ゲ ゲ ゲ ゲ ゲ 竺 竺 等 等				ノ 口 口 므 号 号' 号' 㡿 㡿 㡿 㡿 號 號		
等	等	等		號	號	號
무리 등	무리 등	무리 등		이름 호	이름 호	이름 호

🌱 **생활 쏙쏙** 한자로 쓰인 한자어의 음(소리)을 쓰세요.

(1) 아인슈타인은 1921년 노벨 物理(____ ____)학상을 받았습니다.

(2) 等號(____ ____)를 사용한 식을 '등식'이라고 합니다.

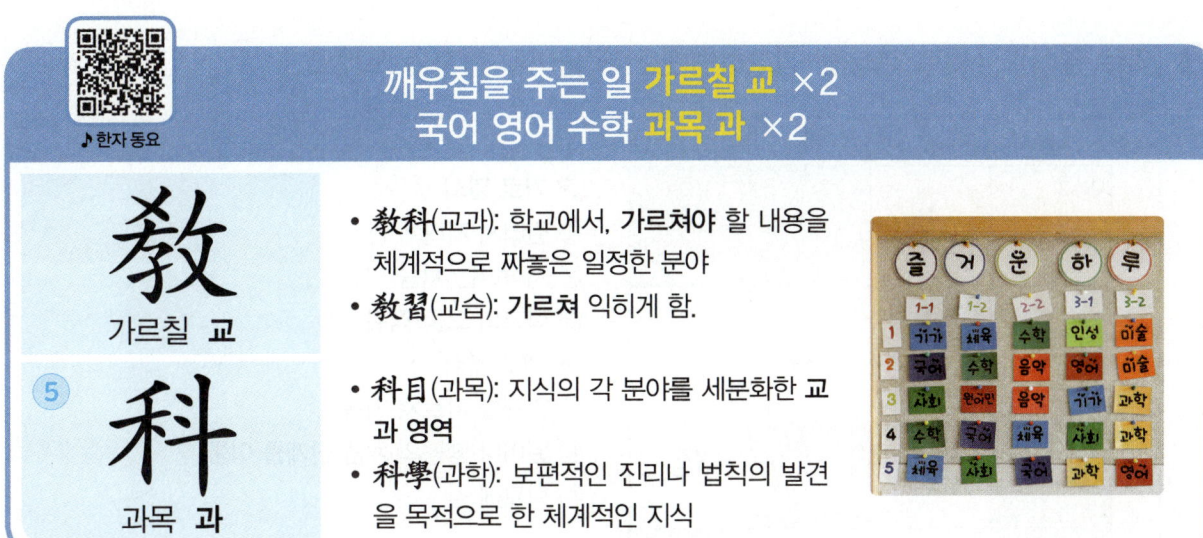

✏️ **한자 쓱쓱** 한자의 뜻과 음(소리)을 큰소리로 읽으며, 순서에 맞게 쓰세요.

| ノ | メ | ≠ | 耂 | 孝 | 孝 | 孝 | 教 | 教 | 教 |

教 가르칠 교

| 一 | 二 | 千 | 千 | 禾 | 禾 | 科 | 科 |

科 과목 과

🌱 **생활 쏙쏙** 한자로 쓰인 한자어의 음(소리)을 쓰세요.

(1) 영어는 1997년 초등학교 정규 **敎科**(____ ____)로 채택되었습니다.

(2) 그는 어릴 적부터 피아노 **敎習**(____ 습)을 받았습니다.

(3) 내가 가장 좋아하는 **科目**(____ 목)은 수학입니다.

(4) 첨단 생명 **科學**(____ 학)을 통하여 생물 연료를 만들 수 있습니다.

36 와우! 내 실력!

1 [가로 열쇠]와 [세로 열쇠]를 참고하여 빈칸에 들어갈 한자를 쓰세요.

①㉠	成		
英		② 元	㉡
	㉢ 登		作
	③	長	

🔑 **가로 열쇠**
① 길러서 자라게 함.
② 시작하는 처음
③ 학교의 으뜸 직위

🔑 **세로 열쇠**
㉠ 영재를 가르쳐 기름.
㉡ 일이나 행동의 처음 단계를 이룸.
㉢ 학교에 감.

2 [　] 안의 한자와 음(소리)이 같은 한자를 골라 번호를 쓰세요.

(1) [登]　①放　②等　③學　④當　(　　)
(2) [才]　①番　②習　③作　④在　(　　)
(3) [問]　①力　②讀　③書　④聞　(　　)

3 [　] 안의 한자와 뜻이 비슷한 한자를 골라 번호를 쓰세요.

(1) [言]　①語　②發　③成　④同　(　　)
(2) [章]　①表　②英　③文　④漢　(　　)
(3) [位]　①音　②席　③詩　④代　(　　)

📅 　　　월　　　일

4 보기의 단어들과 관련이 깊은 한자를 골라 번호를 쓰세요.　　　(　　　)

> 보기
> 　　　　가수　　악기　　반주

① 見　　　② 先　　　③ 歌　　　④ 圖

5 한자의 훈(뜻)과 음(소리)을 쓰세요.

(1) 神 (　　　　)　　　(2) 字 (　　　　)
(3) 主 (　　　　)　　　(4) 號 (　　　　)
(5) 功 (　　　　)　　　(6) 意 (　　　　)

6 ○ 안에 공통으로 들어갈 한자를 보기에서 찾아 쓰세요.

> 보기
> 　　　首　話　物　科　英

(1) ○理　　事○　　萬○　　　　(　　　　)
(2) ○學　　敎○　　○目　　　　(　　　　)
(3) 元○　　部○　　○席　　　　(　　　　)

7 보기의 내용에 맞게 ○ 안에 적당한 한자를 넣어 한자성어를 완성하세요.

> 보기
> 동쪽을 묻는 데 서쪽을 대답한다는 뜻으로,
> 물음과 전혀 상관없는 엉뚱한 대답을 이르는 말

• 東問西○　　　　　　　　　　　　　(　　　　)

37 생활 한자

준5급 준비생은 ⑤ 표시된 한자를 제외하고 공부하세요.
(⑤ : 5급에 새로 나온 한자)

♪한자 동요

땅에 올린 **집 당** 지붕 있는 **집 실**
네모난 **창문 창** 꼭꼭 닫힌 **문 문**

⑤ **堂** 집 당
室 집 실

- **堂室**(당실): 한 울타리 안에 있는 여러 채의 **집**과 **방**
- **正正堂堂**(정정당당): 태도나 수단이 정당하고 **떳떳함**. ▶ '堂'은 '당당하다'라는 뜻이 있음.
- **敎室**(교실): 유치원, 초등학교, 중·고등학교에서 학습 활동이 이루어지는 **방**
- **室外**(실외): **방**이나 건물의 밖
- ★ 뜻이 같거나 비슷한 한자: 室 ≒ 家(집 가) ≒ 堂(집 당)

⑤ **窓** 창문 창
門 문 문

- **窓口**(창구): **창**을 내거나 뚫어 놓은 곳
- **窓門**(창문): 공기나 햇빛을 받을 수 있고, 밖을 내다볼 수 있도록 **벽이나 지붕에 낸 문**
- **校門**(교문): 학교의 **문**
- **東門**(동문): 동쪽으로 난 **문**

 **한자 쏙쏙** 한자의 뜻과 음(소리)을 큰소리로 읽으며, 순서에 맞게 쓰세요.

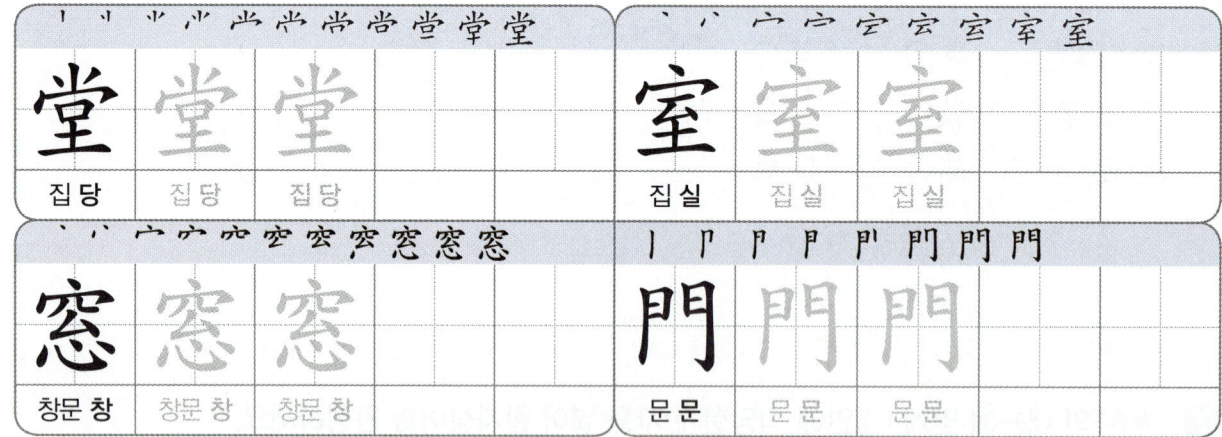

🌱 **생활 쏙쏙** 한자로 쓰인 한자어의 음(소리)을 쓰세요.

(1) 폭염 발생 시 **室外**(___외) 활동을 자제합시다.

(2) **窓門**(_____)을 활짝 열고 청소를 하였습니다.

♪ 한자 동요

전기 찌릿 **번개 전**　실 모양 **줄 선**
윗옷 모양 **옷 의**　몸을 감싼 **옷 복**

電 번개 전 ⑤ 線 줄 선	• 電線(전선): **전류**가 흐르는 선 • 電光石火(전광석화): **번갯불**이나 부싯돌의 불. 매우 짧은 시간이나 매우 재빠른 움직임 • 線路(선로): 기차나 전차의 바퀴가 굴러가도록 레일을 깔아 놓은 길 • 直線(직선): 곧은 선	
衣 옷 의 ⑤ 服 옷 복	• 內衣(내의): 겉옷의 안쪽에 몸에 직접 닿게 입는 옷. 속옷 • 上衣(상의): 위에 입는 옷. 윗옷 ★ 뜻이 같거나 비슷한 한자: 衣 ≒ 服(옷 복) • 軍服(군복): 군인이 입는 옷 • 衣服(의복): 몸을 가리거나 보호하기 위하여 천이나 가죽으로 만들어 입는 물건. 옷	

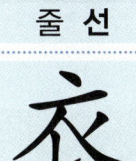 **한자 쓱쓱** 한자의 뜻과 음(소리)을 큰소리로 읽으며, 순서에 맞게 쓰세요.

一 广 币 币 币 雨 雨 雨 電 電	' ㄴ ㄠ ㄠ 乡 糸 糸' 糽 約 約 絪 緽 線 線
電　電　電	線　線　線
번개 전　번개 전　번개 전	줄 선　줄 선　줄 선
一 亠 广 亣 衣 衣	丿 刀 月 月 刖 朋 服 服
衣　衣　衣	服　服　服
옷 의　옷 의　옷 의	옷 복　옷 복　옷 복

 **생활 쏙쏙** 한자로 쓰인 한자어의 음(소리)을 쓰세요.

(1) 물 묻은 손으로 電線(　　　　)을 만지면 위험합니다.
(2) 衣服(　　　　)은 때와 장소에 맞게 입어야 합니다.

38 생활 한자

냠냠냠 **먹을 식** 힘써 일해 **일 사**
밥의 재료 **쌀 미** 꿀꺽꿀꺽 **마실 음**

♪한자동요

食 먹을 식
- 間食(간식): 끼니와 끼니 사이에 음식을 먹음. 또는 그 음식
- 食事(식사): 끼니로 음식을 먹음. 또는 그 음식

事 일 사
- 萬事(만사): 여러 가지 온갖 일
- 事後(사후): 일이 끝난 뒤. 또는 일을 끝낸 뒤

米 쌀 미
- 白米(백미): 흰쌀
- 米飮(미음): 입쌀이나 좁쌀에 물을 충분히 붓고 푹 끓여 체에 걸러 낸 걸쭉한 음식

飮 마실 음
- 飮水(음수): 마실 수 있는 물
- 飮食(음식): 사람이 먹을 수 있도록 만든, 밥이나 국 따위의 물건

✏️ **한자 쏙쏙** 한자의 뜻과 음(소리)을 큰소리로 읽으며, 순서에 맞게 쓰세요.

ノ 人 亼 今 今 今 食 食 食	一 ㄱ ㅂ 甘 年 写 寻 事
食 / 食 / 食	事 / 事 / 事
먹을 식 / 먹을 식 / 먹을 식	일 사 / 일 사 / 일 사

丶 丷 丷 半 米 米	ノ ㅅ ゲ ゲ 乍 乍 乍 食 食 食 飮 飮
米 / 米 / 米	飮 / 飮 / 飮
쌀 미 / 쌀 미 / 쌀 미	마실 음 / 마실 음 / 마실 음

🌱 **생활 쏙쏙** 한자로 쓰인 한자어의 음(소리)을 쓰세요.

(1) 친구와 오늘 저녁 6시에 食事(_____) 약속을 하였습니다.

(2) 어머니는 감기에 걸린 나를 위해 米飮(_____)을 끓여 주셨습니다.

 월   일

과일 열매 **과실 과** 날카로운 **칼 도**
대한민국 **나라 이름 한** 건강하게 **약 약**

⑤ 果 과실 과	• 果刀(과도): 과일을 깎는 작은 칼 • 成果(성과): 이루어낸 결실 ▶ '果'는 '결과'라는 뜻이 있음.
⑤ 刀 칼 도	• 大刀(대도): 큰 칼. 또는 긴 칼 • 長刀(장도): 긴 칼
韓 나라 이름 한	• 韓國(한국): 대한민국 • 韓服(한복): 우리나라의 고유한 옷
⑤ 藥 약 약	• 百藥(백약): 모든 약. 또는 여러 가지 약 • 藥水(약수): 먹거나 몸을 담그거나 하면 약의 효험이 있는 샘물

 **한자 쓱쓱** 한자의 뜻과 음(소리)을 큰소리로 읽으며, 순서에 맞게 쓰세요.

丨 冂 冃 日 旦 甲 果 果				ㄱ 刀		
果	果	果		刀	刀	刀
과실 과	과실 과	과실 과		칼 도	칼 도	칼 도

一 十 古 古 卓 卓ˊ 卓ˇ 卓 韓 韓 韓				一 十 卄 艹 甘 苗 苺 蕐 蕐 蕐 蓳 藥 藥 藥		
韓	韓	韓		藥	藥	藥
나라 이름 한	나라 이름 한	나라 이름 한		약 약	약 약	약 약

⚠ 刀: '力(힘 력)'과 혼동하지 않도록 주의함.

생활 쏙쏙 한자로 쓰인 한자어의 음(소리)을 쓰세요.

(1) 果刀(＿＿＿＿)로 사과 껍질을 깎았습니다.

(2) 삼촌은 한의원에 가서 韓藥(＿＿＿＿)을 지었습니다.

39 생활 한자

서로서로 **사귈 교**   훤히 뚫려 **통할 통**
바퀴 달린 **수레 거/차**   오고 가는 **길 로**

⑤ **交** 사귈 교
- **交通**(교통): 자동차·기차·배·비행기 등을 이용해 사람이 **오고 가거나**, 짐을 실어 나르는 일
- **交友**(교우): 벗을 **사귐**. 또는 그 벗

⑤ **通** 통할 통
- **共通**(공통): 둘 또는 그 이상의 여럿 사이에 두루 **통하고** 관계됨.
- **通話**(통화): 전화로 말을 주고받음.

車 수레 거/차
- **下車**(하차): 타고 있던 **차**에서 내림.
- **人力車**(인력거): 사람이 끄는, 바퀴가 두 개 달린 **수레**

⑤ **路** 길 로
- **車路**(차로): 찻길. 자동차만 다니는 길
- **登山路**(등산로): 산에 오르는 길

📝 **한자 쏙쏙** 한자의 뜻과 음(소리)을 큰소리로 읽으며, 순서에 맞게 쓰세요.

🌱 **생활 쏙쏙** 한자로 쓰인 한자어의 음(소리)을 쓰세요.

(1) 우리 동네는 交通(＿＿＿＿)이 참 편리합니다.
(2) 고속 도로의 車路(＿＿＿＿) 감소 구간에서 사고가 발생하였습니다.

> 정답 및 해설은 **184**쪽

월   일

> 두 발로 **걸음 보**   올바른 길 **길 도**
> 사고파는 **저자 시**   우리 집 앞 **마당 장**

♪ 한자 동요

⑤ **步** 걸음 보
- **步**道(보도): 사람이 **다니는 길**
- **步**行者(보행자): **걸어서** 길거리를 오가는 사람

道 길 도
- 道路(도로): 사람, 차가 다니는 길
- 道理(도리): 사람이 **마땅히 행하여야 할 바른길**
- ★ 뜻이 같거나 비슷한 한자: 道 ≒ 路(길 로)

市 저자 시
- 市場(시장): 여러 상품을 사고파는 장소
- 門前成市(문전성시): 찾아오는 사람이 많아 집 문 앞이 **시장**을 이루다시피 함.
- ▶ '저자'는 '시장'을 예스럽게 이르는 말임.

場 마당 장
- 入場(입장): 어떤 **곳**(구역) 안으로 들어가는 것
- 場所(장소): 어떤 일이 이루어지거나 일어나는 곳

✏️ **한자 쏙쏙** 한자의 뜻과 음(소리)을 큰소리로 읽으며, 순서에 맞게 쓰세요.

ノ ㇓ ㇉ 止 步 步 步				` ` ` ` ` ` ` ` ` ` 首 首 道 道 道			
步	步	步		道	道	道	
걸음 보	걸음 보	걸음 보		길 도	길 도	길 도	

` 亠 广 方 市				一 + 土 圩 圱 圴 坍 垾 埸 場 場 場			
市	市	市		場	場	場	
저자 시	저자 시	저자 시		마당 장	마당 장	마당 장	

🌱 **생활 쏙쏙** 한자로 쓰인 한자어의 음(소리)을 쓰세요.

(1) 우리는 잘 포장된 **步**道(_____)를 따라 걸었습니다.

(2) 아버지께서 수산물 **市場**(_____)에서 문어를 사 오셨습니다.

한자 도레미 **85**

40 생활 한자

머물러 **살 주**　앞서 말한 **바 소**
집이 모여 **마을 촌**　작은 동네 **마을 리**

住 살 주
- 住民(주민): 일정한 지역에 살고 있는 사람
- 衣食住(의식주): 옷과 음식과 집을 통틀어 이르는 말. 인간 생활의 세 가지 기본 요소

所 바 소
- 所有(소유): 가지고 있음. 또는 그 물건
- 住所(주소): 사는 곳. 자리 잡은 곳

▶ '바'는 앞에서 말한 내용 그 자체나 일을 나타냄.

村 마을 촌
- 山村(산촌): 산골에 있는 마을
- 村里(촌리): 주로 시골에서 여러 집이 모여 사는 곳. 마을

★ 뜻이 같거나 비슷한 한자: 村 ≒ 里(마을 리)

里 마을 리
- 上里(상리): 위쪽에 있는 마을
- 千里(천리): 1,000리

▶ '리'는 거리의 단위. 1리는 약 0.393km에 해당함.

✏️ **한자 쏙쏙** 한자의 뜻과 음(소리)을 큰소리로 읽으며, 순서에 맞게 쓰세요.

ノ 亻 亻 亻 什 什 住 住				' ᄀ ᄏ 戶 戶 所 所 所			
住 살 주	住 살 주	住 살 주		所 바 소	所 바 소	所 바 소	

一 十 オ 木 村 村 村				l 口 日 日 旦 里 里			
村 마을 촌	村 마을 촌	村 마을 촌		里 마을 리	里 마을 리	里 마을 리	

🌱 **생활 쏙쏙** 한자로 쓰인 한자어의 음(소리)을 쓰세요.

(1) 선생님께서 나에게 집 住所(＿＿ ＿＿)를 물어보셨습니다.

(2) 나그네는 한밤중이 되어서야 어느 村里(＿＿ ＿＿)에 다다랐습니다.

시·군·구의 **고을 군** '군'의 아래 **고을 읍**
우리 동네 **골 동** 수도 있는 **서울 경**

郡 고을 군
- 郡民(군민): 군(郡)에 사는 사람
- 郡邑(군읍): 군과 읍을 아울러 이르는 말
- ★ 뜻이 같거나 비슷한 한자: 郡 ≒ 邑(고을 읍)

邑 고을 읍
- 大邑(대읍): 주민과 산물이 많고 땅이 넓은 고을
- 邑內(읍내): 읍의 구역 안

洞 골 동
- 洞口(동구): 동네 어귀
- 洞長(동장): 한 동네의 우두머리
- ▷ '洞'의 뜻 '골'은 산과 산 사이에 움푹 패어 들어간 곳, 즉 골짜기를 뜻함. '마을', '동네'라는 뜻도 있음.

京 서울 경
- 上京(상경): 지방에서 서울로 올라옴.
- 北京(북경): '베이징'을 우리 한자음으로 읽은 이름

한자 쓱쓱 한자의 뜻과 음(소리)을 큰소리로 읽으며, 순서에 맞게 쓰세요.

! 洞: '同(한가지 동)'과 혼동하지 않도록 주의함.

생활 쓱쓱 한자로 쓰인 한자어의 음(소리)을 쓰세요.

(1) 행정 구역 郡(____)은 도(道)의 아래, 邑(____)·면(面)의 위에 위치합니다.

(2) 洞口(____ 구) 밖 과수원 길에 아카시아 꽃이 활짝 피었습니다.

41 생활 한자

♪한자동요

나무 아래 **쉴 휴**　맡은 바의 **일 업**
잘 어울려 **화할 화**　한데 모아 **합할 합**

休 쉴 휴
- **休業**(휴업): 일을 일시적으로 중단하고 하루 또는 한동안 **쉼**.
- **休日**(휴일): 일요일이나 공휴일의 **쉬는** 날

⑤ **業** 일 업
- **生業**(생업): 살아가기 위하여 하는 **일**
- **作業**(작업): **일**을 함. 또는 그 **일**

⑤ **和** 화할/화목할 화
- **和音**(화음): 높이가 다른 둘 이상의 음이 함께 울릴 때 **어울리는** 소리
- **和合**(화합): **화목하게 어울림**.

合 합할 합
- **合理**(합리): 이론이나 이치에 **합당함**.
- **合意**(합의): 서로 의견이 **일치함**. 또는 그 의견

✏️ **한자 쓱쓱**　한자의 뜻과 음(소리)을 큰소리로 읽으며, 순서에 맞게 쓰세요.

ノ イ 亻 什 休 休				′ ″ 业 业 业 业 业 业 堂 堂 業 業
休	休	休		業 業 業
쉴 휴	쉴 휴	쉴 휴		일 업　일 업　일 업

ノ 二 千 禾 禾 禾 和 和				ノ 人 𠆢 合 合 合
和	和	和		合 合 合
화할/화목할 화	화할/화목할 화	화할/화목할 화		합할 합　합할 합　합할 합

❗ 合: '答(대답 답)'과 혼동하지 않도록 주의함.

🌱 **생활 쏙쏙**　한자로 쓰인 한자어의 음(소리)을 쓰세요.

(1) 오늘은 개인적인 사정으로 休業(＿＿＿)합니다.
(2) 우리 집은 형제간의 和合(＿＿＿)이 잘됩니다.

___월 ___일

♪ 한자 동요

대를 이어 **세상 세** 지역 갈라 **지경 계**
아끼는 맘 **사랑 애** 굳게 지켜 **나라 국**

世 세상 세	• 世界(세계): 지구상의 모든 나라. 인류 사회 전체 • 世上(세상): 사람이 살고 있는 모든 사회를 통틀어 이르는 말
⑤ 界 지경 계	• 各界(각계): 사회의 각 **분야** • 學界(학계): 학문 연구 및 저술에 힘쓰는 학자들의 활동 **분야**

⑤ 愛 사랑 애	• 愛國(애국): 자기 나라를 **사랑함**. • 友愛(우애): 형제간 또는 친구 간의 **사랑**이나 **정분**
國 나라 국	• 國民(국민): **국가**를 구성하는 사람 • 全國(전국): 온 **나라**

✏️ **한자 쏙쏙** 한자의 뜻과 음(소리)을 큰소리로 읽으며, 순서에 맞게 쓰세요.

一 十 丗 世 世

世	世	世			
세상 세	세상 세	세상 세			

丨 冂 冂 冊 田 甲 昇 界 界

界	界	界			
지경 계	지경 계	지경 계			

愛	愛	愛			
사랑 애	사랑 애	사랑 애			

丨 冂 冂 门 同 同 同 囻 國 國 國

國	國	國			
나라 국	나라 국	나라 국			

🌱 **생활 쏙쏙** 한자로 쓰인 한자어의 음(소리)을 쓰세요.

(1) 나는 世界(_____)적인 피아니스트가 되고 싶습니다.
(2) 한산도를 여행하면서 이순신 장군의 愛國(_____) 정신을 가슴에 새겼습니다.

한자 도레미

42 생활 한자

격식 갖춰 **예도 례**　법 헤아려 **법도 도**
가지각색 **모양 형**　자로 잰 듯 **법식**

⑤ 禮 예도 례
- **無禮**(무례): 태도나 말에 **예의**가 없음.
- **禮度**(예도): **예의**와 법도를 아울러 이르는 말

⑤ 度 법도 도
- **強度**(강도): 쎈 정도
- **速度**(속도): 물체가 나아가거나 일이 진행되는 빠르기

⑤ 形 모양 형
- **字形**(자형): 글자의 모양
- **形成**(형성): 어떤 **모양**(상태)을 이룸.

⑤ 式 법식
- **方式**(방식): 일정한 방법이나 형식
- **形式**(형식): 사물이 외부로 나타나 보이는 모양

한자 쏙쏙 — 한자의 뜻과 음(소리)을 큰소리로 읽으며, 순서에 맞게 쓰세요.

| 禮 예도 례 | 度 법도 도 |
| 形 모양 형 | 式 법식 |

생활 쏙쏙 — 한자로 쓰인 한자어의 음(소리)을 쓰세요.

(1) 타인을 배려하는 마음을 갖고, 사회에 알맞은 禮度(　　　　)를 실천합시다.

(2) 이번 백일장에서는 내용과 形式(　　　　)에 제한이 없었습니다.

> 정답 및 해설은 **184**쪽

📅 _____ 월 _____ 일

여럿이 **모일 회**   1부터 10 **셀 계**
두 손 모아 **함께 공**   일에 맞게 **쓸 용**

♪ 한자 동요

⑤ **會** 모일 회
- **大會**(대회): 큰 **모임**이나 회의
- **會計**(회계): 나가고 들어오는 돈을 따져서 **셈을 함**.

⑤ **計** 셀 계
- **合計**(합계): 한데 합하여 **계산함**. 또는 그런 수효
- **百年大計**(백년대계): 먼 앞날까지 미리 내다보고 세우는 크고 중요한 **계획**

⑤ **共** 함께 공
- **共用**(공용): **함께 씀**. 또는 그런 물건
- **共有**(공유): **두 사람 이상**이 한 물건을 공동으로 소유함.

⑤ **用** 쓸 용
- **用語**(용어): 일정한 분야에서 주로 **사용**하는 말
- **利用**(이용): 대상을 필요에 따라 이롭게 **씀**.

✏️ **한자 쏙쏙** 한자의 뜻과 음(소리)을 큰소리로 읽으며, 순서에 맞게 쓰세요.

ノ 人 人 今 合 合 合 命 會 會 會 會				` 一 亠 = = 言 言 言 計			
會	會	會		計	計	計	
모일 회	모일 회	모일 회		셀 계	셀 계	셀 계	
一 十 廾 世 共 共				ノ 冂 月 月 用			
共	共	共		用	用	用	
함께 공	함께 공	함께 공		쓸 용	쓸 용	쓸 용	

🌱 **생활 쏙쏙** 한자로 쓰인 한자어의 음(소리)을 쓰세요.

(1) 나는 이번 가족 여행에서 **會計**(_____ _____)를 맡았습니다.

(2) 이 티셔츠는 남녀 **共用**(_____ _____)으로 나왔습니다.

43 생활·기타 한자

♪한자동요

처음 생겨 **새로울 신**   상자 세 개 **물건 품**
길쭉길쭉 **긴 장**   짤막짤막 **짧을 단**

- ⑤ 新 새로울 신
  - 新年(신년): 새로 시작하는 해. 새해
  - 新車(신차): 새로운 차

- ⑤ 品 물건 품
  - 物品(물품): 일정하게 쓸 만한 값어치가 있는 물건
  - 食品(식품): 음식물을 통틀어 이르는 말

- 長 긴 장
  - 長短(장단): 길고 짧음. 좋은 점과 나쁜 점
  - 成長(성장): 사람(동식물)이 자라서 점점 커짐. ▶ '長'은 '낫다', '자라다', '어른', '우두머리' 등의 뜻이 있음.

- ⑤ 短 짧을 단
  - 短文(단문): 짧은 글
  - 短命(단명): 목숨이 짧음.
  - ★ 뜻이 반대(상대)되는 한자: 短 ↔ 長(긴 장)

✎ 한자 쏙쏙 한자의 뜻과 음(소리)을 큰소리로 읽으며, 순서에 맞게 쓰세요.

🌱 생활 쏙쏙 한자로 쓰인 한자어의 음(소리)을 쓰세요.

(1) 이 세탁기는 新品(_____)과 다름없이 좋습니다.
(2) 모든 일에는 長短(_____)이 있기 마련입니다.

하나둘셋 **차례 제** 맨 마지막 **끝 말**
물기 닦는 조각천 보송보송 **수건 건**

⑤ 第 차례 제
- 第三者(제삼자): 일정한 일에 직접 관계가 없는 사람
- 天下第一(천하제일): 천하(세상)에 견줄 만한 것이 없이 최고임.

末 끝 말
- 月末(월말): 그달의 끝 무렵
  ★ 뜻이 반대(상대)되는 한자: 末 ↔ 本(근본 본), 始(처음 시)

巾 수건 건
- 頭巾(두건): 헝겊으로 만든 머리에 쓰는 물건을 통틀어 이르는 말
- 手巾(수건): 얼굴이나 몸을 닦는 천 조각

한자 쏙쏙 한자의 뜻과 음(소리)을 큰소리로 읽으며, 순서에 맞게 쓰세요.

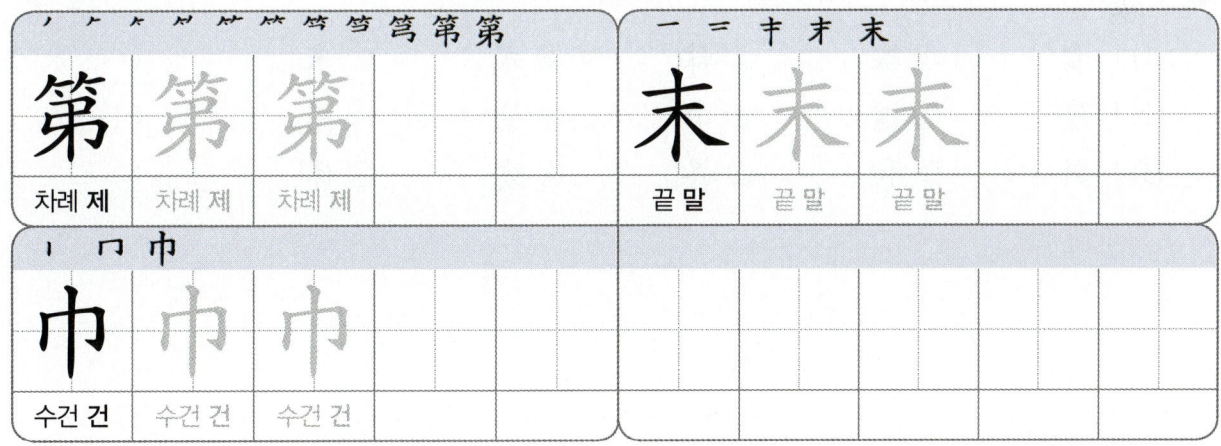

생활 쏙쏙 한자로 쓰인 한자어의 음(소리)을 쓰세요.

(1) 아버지가 요리한 탕수육은 천하第一(___일)입니다.

(2) 月末(월___)에 은행에 가니 사람이 무척 많았습니다.

(3) 손을 깨끗이 씻고 手巾(수___)으로 물기를 닦았습니다.

44 와우! 내 실력!

1 [가로 열쇠]와 [세로 열쇠]를 참고하여 빈칸에 들어갈 한자를 쓰세요.

	㉠		㉢ 會
① 百	年	㉡ 大	
②		門	

🔑 **가로 열쇠**
① 먼 앞날까지 미리 내다보고 세우는 크고 중요한 계획
② 공기나 햇빛을 받을 수 있고, 밖을 내다볼 수 있도록 벽이나 지붕에 낸 문

🔑 **세로 열쇠**
㉠ 새로 시작하는 해. 새해
㉡ 큰 칼. 또는 긴 칼
㉢ 나가고 들어오는 돈을 따져서 셈을 함.

2 [　] 안의 한자와 음(소리)이 같은 한자를 골라 번호를 쓰세요.

(1) [食]　①線　②韓　③式　④末　(　)
(2) [度]　①道　②巾　③邑　④用　(　)
(3) [計]　①和　②界　③愛　④休　(　)

3 [　] 안의 한자와 뜻이 비슷한 한자를 골라 번호를 쓰세요.

(1) [衣]　①郡　②服　③京　④邑　(　)
(2) [堂]　①室　②洞　③交　④車　(　)
(3) [村]　①會　②品　③業　④里　(　)

4 보기의 단어들과 관련이 깊은 한자를 골라 번호를 쓰세요. ( )

보기
상품 오일장 수산물

① 第   ② 國   ③ 市   ④ 合

5 한자의 훈(뜻)과 음(소리)을 쓰세요.

(1) 果 ( )   (2) 邑 ( )
(3) 里 ( )   (4) 世 ( )
(5) 形 ( )   (6) 韓 ( )

6 ○ 안에 공통으로 들어갈 한자를 보기에서 찾아 쓰세요.

보기
通 電 所 飮 藥

(1) 交○   共○   ○話   ( )
(2) 住○   場○   ○有   ( )
(3) ○水   ○食   米○   ( )

7 보기의 밑줄 친 내용에 맞게 ○ 안에 적당한 한자를 넣어 한자성어를 완성하세요.

보기
중국 양(梁)나라 혜왕(惠王)이 정사(政事)에 관하여 맹자에게 물으니, 맹자가 대답하였다. "전쟁에 패하여 어떤 자가 오십 걸음을 도망하면서 또 백 걸음 도망하는 자를 비웃으면 어떻겠습니까? <u>오십 걸음이나 백 걸음이나</u> 도망한 것에는 양자의 차이가 없습니다."

• 五十○百○   (,)

45 국어 교과서 한자어

교과서 한자어는 한자 쓰기 문제가 출제되지 않습니다.

고민을 **해 결** 하기 알맞은 **토 의** 주제를 정합니다.

解決
풀 해 / 결단할 결

- 뜻: 제기된 문제를 해명하거나 얽힌 일을 잘 처리함.
- 쓰임: 문제 해결, 해결 방안

討議
칠 토 / 의논할 의

- 뜻: 어떤 문제에 대하여 검토하고 협의함.
- '討'는 '연구하다'라는 뜻이 있음.

토론 참여자의 **역 할** 을 정하여 봅시다.

役割
부릴 역 / 벨 할

- 뜻: 자기가 마땅히 하여야 할 맡은 일
- 쓰임: 역할 분담

생활 쏙쏙 밑줄 친 한자어의 음(소리)을 쓰세요.

(1) 임시 정부는 독립운동의 구심점 *役割*(　　　)을 하였습니다.
(2) 어떤 것이 바람직한 *解決*(　　　) 방안인지 *討議*(　　　)해 봅시다.

퀴즈 띵똥 밑줄 친 한자어를 바르게 읽은 것을 고르세요.

높임 표현을 사용해 *役割* 놀이를 해 봅시다.

① 해결　② 토의　③ 토론　④ 역할

알맞은 근거 로 상대방을 설득 해야 합니다.

根據
뿌리 근 / 의거할 거

- 뜻: 어떤 의견이나 논의 따위의 이유 또는 **바탕이** 되는 것
- 쓰임: 주장과 근거

說得
말씀 설 / 얻을 득

- 뜻: 상대편이 이쪽 편의 이야기를 따르도록 여러 가지로 깨우쳐 **말함**.

판정단은 공정한 태도 를 가져야 합니다.

態度
모양 태 / 법도 도

- 뜻: 몸의 동작이나 몸을 가누는 **모양새**
- 쓰임: 수업 태도

생활 쏙쏙 밑줄 친 한자어의 음(소리)을 쓰세요.

(1) 의견을 뒷받침할 수 있는 根據(　　　)를 찾았습니다.

(2) 관용은 나와 다른 의견을 인정하고 포용하는 態度(　　　)입니다.

퀴즈 띵똥 빈칸에 들어갈 한자어로 알맞은 것을 고르세요.

유진이는 논리적인 말솜씨로
서우를 (　　　)하였습니다.

① 態度　　② 說得　　③ 根據　　④ 討議

46 국어 교과서 한자어

면 담 자료의 경우, 말한 내용이 객관적인지 확인합니다.

面談
낯 면 / 말씀 담

- 뜻: 서로 만나서 이야기함.
- '面'은 '만나다', '얼굴을 보다'라는 뜻이 있음.

내용을 효과적으로 전달할 수 있는 자료를 **선 택** 합니다.

選擇
가릴 선 / 가릴 택

- 뜻: 여럿 가운데서 필요한 것을 골라 뽑음.

회의를 할 때는 다른 사람의 의견을 **존 중** 해야 합니다.

尊重
높을 존 / 무거울 중

- 뜻: 높이어 귀중하게 대함.
- '重'은 '귀중하다'라는 뜻이 있음.

생활 쑥쑥 밑줄 친 한자어의 음(소리)을 쓰세요.

(1) 우리는 담임 선생님과 <u>面談</u>(　　　)을 하였습니다.
(2) 물건을 살 때 현명한 <u>選擇</u>(　　　)을 하면 돈과 자원이 절약됩니다.

퀴즈 띵똥 다음 뜻이 설명하는 한자어로 알맞은 것에 ○표 하세요.

> 높이어 귀중하게 대함.

選擇　　尊重　　面談　　說得

매체에는 책, 편지, 신문, 컴퓨터 등이 있습니다.

便紙
편할 편 / 종이 지

- 뜻: 안부, 소식, 용무 따위를 적어 보내는 글
- 쓰임: 연애 편지, 위문 편지

광고를 본 뒤에 생각을 말해 봅시다.

廣告
넓을 광 / 알릴 고

- 뜻: 세상에 널리 알림.
- 쓰임: 공익 광고, 신제품 광고

인터넷 매체의 긍정적인 영향에 대하여 생각해 봅시다.

肯定
즐길 긍 / 정할 정

- 뜻: 그러하다고 생각하여 옳다고 인정함.
- 쓰임: 긍정적인 태도, 긍정과 부정

생활 쏙쏙
밑줄 친 한자어의 음(소리)을 쓰세요.

(1) 텔레비전 廣告( )를 보고 물건을 샀습니다.
(2) 내 의견을 듣고 친구는 肯定( )의 뜻으로 고개를 끄덕였습니다.

퀴즈 띵동
밑줄 친 낱말을 한자로 바르게 표기한 것을 고르세요.

소중한 나의 친구에게

나의 마음을 담아 친구에게 편지를 썼습니다.

① 選擇   ② 尊重   ③ 肯定   ④ 便紙

47 국어 교과서 한자어

경험한 일의 **원인**과 **결과**를 생각해 봅시다.

經驗
지날, 글 **경** / 시험 **험**

- 뜻: 자신이 실제로 해 보거나 겪어 봄.
- 쓰임: 실전 경험

原因
언덕, 근본 **원** / 인할 **인**

- 뜻: 어떤 사물이나 상태를 변화시키거나 일으키게 하는 **근본**이 된 일이나 사건

結果
맺을 **결** / 과실 **과**

- 뜻: **열매를 맺음**. 어떤 원인 때문에 이루어진 결말
- 쓰임: 원인과 결과, 시험 결과

생활 쏙쏙 밑줄 친 한자어의 음(소리)을 쓰세요.

(1) 주변 사람의 <u>經驗</u>(　　　)을 들으면 정보를 얻을 수 있습니다.
(2) 사건이 일어난 <u>原因</u>(　　　)과 그에 따른 <u>結果</u>(　　　)를 찾아봅시다.

퀴즈 띵똥 한자어를 바르게 읽은 것을 찾아 ○표 하세요.

(1) 經驗 → 경험 / 실험 / 시험 / 수험
(2) 結果 → 원인 / 결과 / 결실 / 경과

公演
공변될 공 / 펼 연

> 판소리는 서양 오페라 뺨치는 우리 **공연** 예술의 꽃입니다.

- 뜻: 음악, 무용, 연극 따위를 많은 사람 앞에서 보이는 일
- '공변되다'는 '행동이나 일처리가 사사롭거나 한쪽으로 치우치지 않고 공평함.'을 뜻함.

文化財
글월 문 / 될 화 / 재물 재

> 신라의 **문화재**를 직접 보고 싶어 박물관을 찾았습니다.

- 뜻: 문화 활동에 의하여 만들어진 가치가 뛰어난 사물
- 쓰임: 유형 문화재, 인간문화재

생활 쏙쏙 밑줄 친 한자어의 음(소리)을 쓰세요.

(1) 빛을 활용한 그림자 公演(　　　)을 관람하였습니다.
(2) 전쟁으로 많은 文化財(　　　)가 부서지거나 사라졌습니다.

퀴즈 띵똥 밑줄 친 한자어를 바르게 읽은 것을 찾아 ○표 하세요.

경험　　　공연　　　결과　　　원인

48 국어 교과서 한자어

문맥 에서 낱말의 뜻을 짐작할 수 있는 부분을 찾습니다.

文脈
글월 문 / 맥 맥

- 뜻: 글월에 표현된 의미의 앞뒤 연결
- 쓰임: 문맥이 통하다

고유어 의 뜻을 생각하며 그림을 살펴봅시다.

固有語
굳을 고 / 있을 유 / 말씀 어

- 뜻: 해당 언어에 본디부터 있던 말이나 그것에 기초하여 새로 만들어진 말

표준어 를 사용하면 의사소통이 잘 이루어집니다.

標準語
표할 표 / 법도 준 / 말씀 어

- 뜻: 한 나라에서 공용어로 쓰는 규범으로서의 언어
- 쓰임: 표준어 발음

생활 쏙쏙 밑줄 친 한자어의 음(소리)을 쓰세요.

(1) 하나의 단어는 文脈(　　　)에 따라 의미가 달라지기도 합니다.
(2) 공적인 자리에서는 標準語(　　　)를 사용합니다.

퀴즈 띵똥 한자어를 바르게 읽은 것을 찾아 ○표 하세요.

관용표현의 종류에는 관용어, **속담** 등이 있습니다.

慣用表現
버릇 관 / 쓸 용 / 겉 표 / 나타날 현

- 뜻 둘 이상의 단어가 결합하여 원래의 뜻과는 다른 새로운 뜻으로 **굳어져 쓰는** 표현

俗談
풍속 속 / 말씀 담

- 뜻 예로부터 민간에 전하여 오는 쉬운 **격언**이나 잠언

글쓴이의 생각을 파악하며 다음 **시조**를 읽어 봅시다.

時調
때 시 / 고를 조

- 뜻 고려 말기부터 발달하여 온 우리나라 고유의 정형시

🌱 **생활 쏙쏙** 밑줄 친 한자어의 음(소리)을 쓰세요.

(1) <u>慣用 表現</u>(　　　　)을 사용하여 자신의 생각을 효과적으로 표현해 봅시다.
(2) <u>時調</u>(　　　)는 보통 초장, 중장, 종장의 3장 6구 4음보의 형태입니다.

🔔 **퀴즈 띵똥** 밑줄 친 한자어를 바르게 읽은 것을 고르세요.

'그림의 떡'이라는 <u>俗談</u>이 있습니다.

① 속담　　② 시조　　③ 문맥　　④ 민담

49 국어 교과서 한자어

인물, 사건, 배경을 생각하며 이야기를 읽어 봅시다.

背景
등 배 / 볕 경

- 뜻: 뒤쪽의 경치. 사건이나 환경, 인물 따위를 둘러싼 주위의 정경
- 쓰임: 배경 화면, 공간적 배경

나비의 모습이 사실적으로 묘사되어 있습니다.

描寫
그릴 묘 / 베낄 사

- 뜻: 어떤 대상이나 사물, 현상 따위를 언어로 서술하거나 그림을 그려서 표현함.
- 쓰임: 심리 묘사

글의 흐름을 파악하며 이어질 내용을 상상해 봅시다.

想像
생각 상 / 형상 상

- 뜻: 실제로 경험하지 않은 현상이나 사물에 대하여 마음속으로 그려 봄.

생활 쏙쏙 밑줄 친 한자어의 음(소리)을 쓰세요.

(1) 소나무를 <u>背景</u>(　　　)으로 사진을 찍었습니다.
(2) 목탄을 사용하여 모자의 특징을 자세히 <u>描寫</u>(　　　)하였습니다.

퀴즈 띵동 다음 뜻이 설명하는 한자어로 알맞은 것에 ○표 하세요.

> 실제로 경험하지 않은 현상이나 사물에 대하여 마음속으로 그려 봄.

| 想像 | 描寫 | 表現 | 背景 |

선이 전학 온 지아를 만나면서 벌어지는 이야기입니다.

轉學
구를 전 / 배울 학

- 뜻: 다른 학교로 옮김.
- 쓰임: 전학생, 전학 수속

가녀린 소녀의 모습은 안타까운 여운 을 남깁니다.

餘韻
남을 여 / 운, 운치 운

- 뜻: 아직 가시지 않고 남아 있는 운치

생활 쏙쏙 밑줄 친 한자어의 음(소리)을 쓰세요.

(1) 아이들은 轉學( ) 가는 친구에게 잘 가라는 인사를 하였습니다.
(2) 저물녘의 종소리가 餘韻( )을 남기며 은은하게 퍼져 나갑니다.

퀴즈 띵동 한자어를 바르게 읽은 것을 찾아 선으로 연결하세요.

(1)  · ·

(2)  · ·

(3)  · ·

50 와우! 내 실력!

1) 친구들이 모여 있는 핼러윈 파티에 참석하려고 해요. 한자의 독음이 바르게 적힌 표지판에 ○표 하며 따라가세요.

❷ [ ] 안에 있는 한자어의 뜻으로 알맞은 것을 고르세요.

(1) [討議]   (   )
  ① 열매를 맺음.
  ② 서로 만나서 이야기함.
  ③ 어떤 문제에 대하여 검토하고 협의함.
  ④ 안부, 소식, 용무 따위를 적어 보내는 글

(2) [慣用 表現]   (   )
  ① 세상에 널리 알림.
  ② 아직 가시지 않고 남아 있는 운치
  ③ 한 나라에서 공용어로 쓰는 규범으로서의 언어
  ④ 둘 이상의 단어가 결합하여 원래의 뜻과는 다른 새로운 뜻으로 굳어져 쓰는 표현

❸ [ ] 안에 들어갈 한자어로 알맞은 것을 고르세요.

(1) 우리 반은 학습 [ ]가 좋다고 칭찬받았습니다.   (   )
  ① 態度   ② 肯定   ③ 轉學   ④ 固有語
(2) 기나긴 조사 끝에 사고의 [ ]이 밝혀졌습니다.   (   )
  ① 說得   ② 原因   ③ 尊重   ④ 文化財

❹ [ ] 안의 한자어를 한글로 쓰세요.

(1) 주말에 가족들과 연극 [公演]을 보러 갑니다.   (   )
(2) 주장에 대한 [根據]가 적절한지 판단합니다.   (   )
(3) [文化財]에는 조상의 숨결이 서려 있습니다.   (   )

51 도덕·사회 교과서 한자어

교과서 한자어는 한자 쓰기 문제가 출제되지 않습니다.

근 면 하면 실력을 빠르게 기를 수 있습니다.

勤勉
부지런할 근 / 힘쓸 면

뜻 부지런히 일하며 힘씀.

어르신을 **공 경** 하는 마음을 나타내기 위해 큰절을 합니다.

恭敬
공손 공 / 공경할 경

뜻 몸가짐을 공손히 하고 존경함.

타 협 은 어떤 일을 배려하고 서로 협의하는 것입니다.

妥協
평온할 타 / 도울 협

뜻 어떤 일을 서로 양보하여 협의함.

생활 쑥쑥 밑줄 친 한자어의 음(소리)을 쓰세요.

(1) 우리 집 가훈은 <u>勤勉</u>(　　　)과 성실입니다.
(2) 부모는 자식을 사랑하고, 자식은 부모를 <u>恭敬</u>(　　　)합니다.

퀴즈 띵똥 다음 뜻이 설명하는 한자어로 알맞은 것에 ○표 하세요.

> 어떤 일을 서로 양보하여 협의함.

妥協　　恭敬　　勤勉　　社會

법은 갈등을 해결하여 사회 질서 를 유지합니다.

社會
모일 사 / 모일 회

뜻 같은 무리끼리 **모여** 이루는 집단

秩序
차례 질 / 차례 서

뜻 혼란 없이 순조롭게 이루어지게 하는 사물의 **순서나 차례**

법원은 사 법 부 라고도 합니다.

司法府
맡을 사 / 법 법 / 관청 부

뜻 **법을 맡아보는 관청**. 대법원 및 대법원이 관할하는 모든 기관을 통틀어 이르는 말

생활 쏙쏙 밑줄 친 한자어의 음(소리)을 쓰세요.

(1) 경찰은 <u>社會</u>(　　　)의 <u>秩序</u>(　　　) 유지를 담당합니다.
(2) 공정한 재판을 위해 <u>司法府</u>(　　　)의 독립이 보장되어야 합니다.

퀴즈 띵동 빈칸에 들어갈 한자어로 알맞은 것을 고르세요.

책상 위에 물건들이 (　) 정연하게 놓여 있습니다.

① 社會　　② 秩序　　③ 勤勉　　④ 司法府

52 사회 교과서 한자어

생활 속의 정치 활동의 예를 살펴봅시다.

政治
정사 정 / 다스릴 치

뜻 ▶ 나라를 다스리는 일

헌법은 국민의 자유와 권리를 보장하기 위해 만든 법입니다.

自由
스스로 자 / 말미암을 유

뜻 ▶ 외부적인 구속이나 무엇에 얽매이지 아니하고 **자기 마음대로 할 수 있는 상태**

權利
권세 권 / 이로울 리

뜻 ▶ 어떤 일을 행하거나 타인에 대하여 당연히 요구할 수 있는 **힘이나 자격**

생활 쏙쏙 밑줄 친 한자어의 음(소리)을 쓰세요.

(1) <u>自由</u>(   )롭게 자신의 생각을 말해 봅시다.
(2) 모든 국민은 행복을 추구할 <u>權利</u>(   )가 있습니다.

퀴즈 띵동 밑줄 친 한자어를 바르게 읽은 것을 고르세요.

민주주의는 국민의 뜻에 따라 <u>政治</u>를 하는 제도입니다.

① 정치   ② 자유   ③ 권리   ④ 질서

> 정답 및 해설은 185쪽

월   일

참 정 권의 종류에는 크게 **선 거**권, 공무 담임권, 국민 **투 표**권이 있습니다.

參政權
참여할 참 / 정사 정 / 권세 권

뜻) 국민이 **국정**에 직접 또는 간접으로 **참여**하는 권리

選擧
가릴 선 / 들 거

뜻) 일정한 조직이나 집단이 대표자나 임원을 **뽑는** 일

投票
던질 투 / 표 표

뜻) **표를 던짐**. 투표용지에 의사를 표시하여 일정한 곳에 내는 일

🌱 생활 쏙쏙 밑줄 친 한자어의 음(소리)을 쓰세요.

(1) <u>參政權</u>(   )은 국민의 기본적인 권리입니다.
(2) <u>投票</u>(   )는 자신이 직접 해야 합니다.

🔔 퀴즈 띵똥 빈칸에 공통으로 들어갈 한자어로 알맞은 것을 고르세요.

회장 ○○   ○○ 유세   대통령 ○○

① 政治   ② 自由   ③ 選擧   ④ 投票

53 사회 교과서 한자어

다양한 **경 제** 적 교류의 형태를 살펴봅시다.

經濟
지날, 글 경 / 건널 제

- 뜻: 인간의 생활에 필요한 재화나 용역을 생산·분배·소비하는 모든 활동
- 쓰임: 경제 활동

정부는 **세 금**을 통해 **수 입**을 얻습니다.

稅金
세금 세 / 쇠 금

- 뜻: 국가에서 경비 마련을 위해, 국민들로부터 거두어들이는 **돈**
- ▷ '金'은 '돈'이라는 뜻이 있음.

收入
거둘 수 / 들 입

- 뜻: 돈이나 물품 따위를 거두어들임.
- 쓰임: 수입과 지출

 밑줄 친 한자어의 음(소리)을 쓰세요.

(1) 불황이었던 <u>經濟</u>(　　　)가 회복기에 접어들었습니다.

(2) 우리나라 국민은 <u>稅金</u>(　　　)을 내야 할 의무가 있습니다.

🔔 **퀴즈 띵동** 밑줄 친 낱말을 한자로 바르게 표기한 것을 고르세요.

> 일을 한 대가로 얻은 <u>수입</u>을 근로 소득이라고 합니다.

① 經濟　　② 稅金　　③ 收入　　④ 投票

은행에 **저 금** 한 돈은 개인과 기업의 **투 자** 자금으로 활용됩니다.

貯金
쌓을 **저** / 쇠 **금**

- 뜻: 돈을 모아 둠.
- 쓰임: 돼지 저금통

投資
던질 **투** / 재물 **자**

- 뜻: 이익을 얻을 목적으로 사업 등에 **자금을 댐**.

1960년대에는 경공업 제품을 **수 출** 하는 데 힘썼습니다.

輸出
보낼 **수** / 날 **출**

- 뜻: 국내의 상품이나 기술을 외국으로 팔아 **내보냄**.
- 쓰임: 자동차 수출

생활 쏙쏙 밑줄 친 한자어의 음(소리)을 쓰세요.

(1) 그 회사는 신제품 개발에 <u>投資</u>(　　　)를 아끼지 않았습니다.

(2) 우리 기술로 만든 자동차를 외국으로 <u>輸出</u>(　　　)하였습니다.

퀴즈 띵동 한자어를 바르게 읽은 것을 찾아 ○표 하세요.

(1)

(2)

한자 도레미 113

54 사회 교과서 한자어

역사 지도를 통하여 삼국의 발전 과정을 알아봅시다.

歷史
지낼 **력** / 역사 **사**

- 뜻: 인간 사회가 거쳐 온 변천의 모습
- '歷'이 단어의 맨 앞에 올 때는 '역'으로 읽음.

문무왕은 당의 군대를 몰아내고 삼국을 **통일**하였습니다.

統一
거느릴 **통** / 한 **일**

- 뜻: 여럿을 몰아서 하나로 만듦.
- 쓰임: 통일 신라, 남북통일

이성계는 조선을 **건국**하고 수도를 한양으로 옮겼습니다.

建國
세울 **건** / 나라 **국**

- 뜻: 나라를 세움.
- 쓰임: 건국 신화

생활 쑥쑥 밑줄 친 한자어의 음(소리)을 쓰세요.

(1) 세종 대왕은 歷史(　　　)에 길이 남을 업적을 많이 남겼습니다.
(2) 建國(　　　) 신화의 주인공은 역경을 극복하고 영웅이 됩니다.

퀴즈 띵똥 한자어의 뜻으로 알맞은 것을 고르세요.

統一

① 나라를 세움.
② 여럿을 몰아서 하나로 만듦.
③ 돈을 모아 둠.
④ 인간 사회가 거쳐 온 변천의 모습

한인 애국단은 김구를 중심으로 조직된 항일 **독립**운동 **단체**입니다.

獨立
홀로 독 / 설 립

- 뜻: 남의 힘을 입지 않고 **홀로 섬**.
- 쓰임: 독립운동, 독립 선언문

團體
둥글 단 / 몸 체

- 뜻: 여러 사람이 **모여서** 이루어진 **집단**
- 쓰임: 단체 손님, 사회단체

6·25 **전쟁**으로 국토는 황폐해졌습니다.

戰爭
싸움 전 / 다툴 쟁

- 뜻: 국가와 국가 사이의 병력에 의한 **싸움**
- 쓰임: 청일 전쟁, 6·25 전쟁

퀴즈 띵똥
밑줄 친 한자어를 바르게 읽은 것을 고르세요.

① 독립　　② 전쟁　　③ 단체　　④ 통일

55 사회 교과서 한자어

축척을 이용하여 실제 거리와 면적을 계산합니다.

縮尺
줄어질 **축** / 자 **척**

- 뜻: 지도에서의 거리와 지표에서의 실제 거리와의 비율
- 쓰임: 축척 기호

전통 가옥은 각 지역에서 얻기 쉬운 재료로 짓습니다.

傳統
전할 **전** / 거느릴 **통**

- 뜻: **계통**을 받아 **전함**. 지난 시대에 이미 이루어져 계통을 이루며 전하여 내려온 관습
- 쓰임: 전통문화

우리나라의 인구 **분포**는 인문 환경의 영향을 받습니다.

分布
나눌 **분** / 베, 펼 **포**

- 뜻: 일정한 범위에 **흩어져 퍼짐**.
- 쓰임: 인구 분포, 생태 분포

🌱 **생활쏙쏙** 밑줄 친 한자어의 음(소리)을 쓰세요.

(1) 온돌은 우리나라의 <u>傳統</u>(　　　)적인 난방 방식입니다.

(2) 인구 <u>分布</u>(　　　)의 지역적 불균형은 여러 가지 문제를 일으킵니다.

🔔 **퀴즈 띵똥** 지도에서 확대된 부분을 나타내는 용어로 알맞은 것을 고르세요.

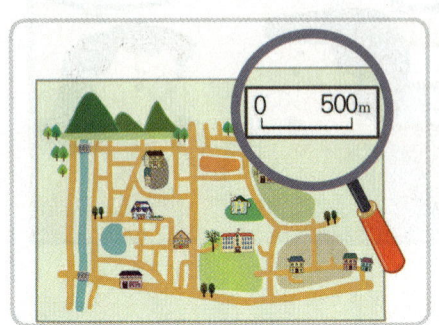

| 傳統 | 縮尺 | 分布 |

협동 조합은 크게 생산 조합과 소비조합으로 나눕니다.

協同
도울 **협** / 한가지 **동**

- 뜻: 서로 마음과 힘을 하나로 합함.
- 쓰임: 협동 학습

엑스포는 가장 널리 알려진 국제 박람회 입니다.

博覽會
넓을 **박** / 볼 **람** / 모일 **회**

- 뜻: 생산물의 개량·발전 및 산업의 진흥을 꾀하기 위하여 온갖 물품을 모아 벌여 놓고 판매, 선전, 우열 심사를 하는 전람회

지구촌 문제를 해결하기 위한 실천 방법을 알아봅시다.

地球村
땅 **지** / 공 **구** / 마을 **촌**

- 뜻: 지구 전체를 한 마을처럼 여겨 이르는 말

생활 쏙쏙 밑줄 친 한자어의 음(소리)을 쓰세요.

(1) 아이들이 協同(　　　)하여 교실을 청소하였습니다.
(2) 올림픽은 地球村(　　　)이 대화합을 이루는 축제입니다.

퀴즈 띵동 사진 속 확대된 부분을 한자로 바르게 표기한 것을 고르세요.

參政權   地球村   博覽會

56 와우! 내 실력!

1 빈칸에 들어갈 알맞은 말을 보기 에서 골라 번호를 쓰세요.

보기   ① 建國   ② 獨立   ③ 戰爭   ④ 統一

(1) 단군은 고조선의 (　) 시조입니다.

(2) '대한(　) 만세'를 외쳤습니다.

(3) 6·25 (　)은 우리 민족을 둘로 갈랐습니다.

(4) 평화 (　)을 위해 남과 북이 함께 노력합니다.

📅 _____월 _____일

2 설명이 뜻하는 한자어로 알맞은 것을 고르세요.

(1) [이익을 얻을 목적으로 사업 등에 자금을 댐.] (　　　)
① 縮尺　　② 投資　　③ 投票　　④ 博覽會

(2) [일정한 범위에 흩어져 퍼짐.] (　　　)
① 團體　　② 分布　　③ 歷史　　④ 參政權

(3) [돈이나 물품 따위를 거두어들임.] (　　　)
① 收入　　② 輸出　　③ 協同　　④ 建國

3 [ ] 안에 들어갈 한자어로 알맞은 것을 고르세요.

(1) 친구의 추천을 받아 반장 [　]에 나갔습니다. (　　　)
① 經濟　　② 妥協　　③ 傳統　　④ 選擧

(2) 대법원장은 [　]의 대표자입니다. (　　　)
① 政治　　② 貯金　　③ 地球村　　④ 司法府

(3) [　]의 여신상은 횃불과 독립 선언서를 들고 있습니다. (　　　)
① 權利　　② 稅金　　③ 自由　　④ 恭敬

4 [ ] 안의 한자어를 한글로 쓰세요.

(1) 그는 [勤勉]하고 성실하여 타의 모범이 됩니다. (　　　)
(2) 아이들은 놀이 속에서 규칙과 [秩序]를 배웁니다. (　　　)
(3) 산업 [社會]에서는 제조업이 중심이 되었습니다. (　　　)

57 과학 교과서 한자어

교과서 한자어는 한자 쓰기 문제가 출제되지 않습니다.

자연 사 박물관을 **창의적** 으로 꾸밀 수 있습니다.

自然
스스로 자 / 그럴 연

- 뜻: 사람의 힘이 더해지지 아니하고 **스스로 존재하거나** 우주에 **저절로 이루어지는** 모든 존재나 상태
- 쓰임: 자연의 법칙, 자연 자원

創意的
비롯할 창 / 뜻 의 / 과녁 적

- 뜻: 창의성을 띠거나 가진 것
- 쓰임: 창의적 계획, 창의적 방법

육지 에서 이동하여 오는 공기 덩어리는 건조합니다.

陸地
뭍 륙 / 땅 지

- 뜻: 강이나 바다와 같이 물이 있는 곳을 제외한 지구의 겉면
- '陸'이 단어의 맨 앞에 올 때는 '육'으로 읽음.

생활 쏙쏙 밑줄 친 한자어의 음(소리)을 쓰세요.

(1) 과거에는 주로 自然(　　　)에서 얻는 산업이 발달하였습니다.
(2) 創意的(　　　)인 아이디어로 문제를 해결하였습니다.

퀴즈 띵동 다음 뜻이 설명하는 한자어로 알맞은 것에 ○표 하세요.

- 땅
- 강이나 바다와 같이 물이 있는 곳을 제외한 지구의 겉면

陸地　情報
氣溫　自然

계절에 따라 기온이 달라지는 까닭은 무엇일까요?

季節
철 계 / 마디 절

- 뜻: 규칙적으로 되풀이되는 자연 현상에 따라서 일 년을 구분한 것
- 쓰임: 사계절, 독서의 계절

氣溫
기운 기 / 따뜻할 온

- 뜻: 공기의 온도
- 쓰임: 기온이 높다, 기온이 낮다

날씨를 잘 이해하기 위하여 기상 정보를 숫자로 나타내기도 합니다.

情報
뜻 정 / 갚을 보

- 뜻: 관찰이나 측정을 통하여 수집한 자료를 실제 문제에 도움이 될 수 있도록 정리한 지식. 또는 그 자료
- 쓰임: 생활 정보, 관광 정보, 정보 누설

생활 쏙쏙 밑줄 친 한자어의 음(소리)을 쓰세요.

(1) 우리나라는 계절별로 氣溫(　　　)의 차이가 많이 납니다.
(2) 컴퓨터로 情報(　　　)를 빠르고 간편하게 처리할 수 있습니다.

퀴즈 띵똥 빈칸에 들어갈 한자어로 알맞은 것을 고르세요.

우리나라는 봄, 여름, 가을, 겨울의 네 (　　　)로 나뉩니다.

① 創意　　② 季節　　③ 自然　　④ 陸地

58 과학 교과서 한자어

환경이 **오염**되면 **생태계**에 어떤 영향을 주는지 생각하여 봅시다.

環境
고리 환 / 지경 경

- 뜻 ① 생물에게 직·간접으로 영향을 주는 **자연적 조건이나 사회적 상황** ② 생활하는 주위의 상태
- 쓰임 교육 환경, 환경 미화

汚染
더러울 오 / 물들 염

- 뜻 더럽게 물듦. 또는 더럽게 물들게 함.
- 쓰임 환경 오염, 대기 오염

生態系
날 생 / 모양 태 / 이어 맬 계

- 뜻 어느 환경 안에서 사는 생물군과 그 생물들을 제어하는 모든 요인을 포함한 복합 체계
- ▶ '生'은 '살다'라는 뜻이 있음.
- 쓰임 생태계 파괴, 생태계 먹이 사슬

생활 쏙쏙 밑줄 친 한자어의 음(소리)을 쓰세요.

(1) 무분별한 개발은 <u>生態系</u>(   )를 파괴합니다.
(2) 경제 성장 과정에서 환경 <u>汚染</u>(   ) 문제가 나타났습니다.

퀴즈 띵똥 밑줄 친 한자어를 바르게 읽은 것을 고르세요.

쓰레기를 분리해 배출하며 <u>環境</u>을 보호합시다.

① 자연　　② 환경　　③ 정원　　④ 고원

현미경으로 極微細 물체를 크게 보기도 합니다.

極微細
다할 극 / 작을 미 / 가늘 세

- 뜻: 분간하기 어려울 정도로 **아주 작음**.
- 쓰임: 극미세 먼지, 극미세 기술

針葉樹와 闊葉樹를 구분해 봅시다.

針葉樹
바늘 침 / 잎 엽 / 나무 수

- 뜻: 잎이 **바늘**처럼 가늘고 뾰족한 **나무**의 종류
- 침엽수에는 소나무, 잣나무, 향나무 등이 있음.

闊葉樹
넓을 활 / 잎 엽 / 나무 수

- 뜻: 잎이 넓은 나무의 종류
- 활엽수에는 떡갈나무, 뽕나무, 상수리나무, 오동나무 등이 있음.

생활 쏙쏙 밑줄 친 한자어의 음(소리)을 쓰세요.

(1) 오늘 전국의 極微細(　　　) 먼지 농도가 '나쁨' 수준이었습니다.

(2) 針葉樹(　　　)의 종류에는 소나무, 잣나무, 향나무 등이 있습니다.

퀴즈 띵똥 밑줄 친 한자어를 바르게 읽은 것을 고르세요.

소나무는 침엽수이고, 벚나무는 闊葉樹입니다.

① 활엽수　② 유실수　③ 문엽수　④ 폐엽수

59 과학 교과서 한자어

생물을 생산자, 소비자, 분해자로 구분 해 봅시다.

區分 나눌 구 / 나눌 분

- 뜻: 일정한 기준에 따라 전체를 몇 개로 갈라 **나눔**.
- 쓰임: 구분 짓다

생물은 환경에 어떻게 적응 하며 살아갈까요?

適應 맞을 적 / 응할 응

- 뜻: 일정한 조건이나 환경에 **맞추어 응함**.
- '適'은 '마땅하다', '적합하다'라는 뜻이 있음.

동물들은 이성에게 다양한 구애행동 을 합니다.

求愛行動 구할 구 / 사랑 애 / 다닐 행 / 움직일 동

- 뜻: 동물이 짝짓기를 하기 위해 상대를 유혹하며 **사랑을 구하는 행동**
- 동물의 구애 행동에는 소리 내기, 먹이 주기, 화려한 색이나 모양으로 유인하기 등이 있음.

생활 쏙쏙 — 밑줄 친 한자어의 음(소리)을 쓰세요.

(1) 가정에서 남성과 여성의 역할 <u>區分</u>(　　　)이 없어지고 있습니다.
(2) 새 학기가 시작되어 새로운 환경에 <u>適應</u>(　　　)하고 있습니다.

퀴즈 띵동 — 밑줄 친 한자어를 바르게 읽은 것을 고르세요.

수컷 공작의 <u>求愛 行動</u>은 화려한 깃털을 펼쳐 암컷의 관심을 끄는 것입니다.

① 구애 행동　② 용서 행동　③ 구속 행동　④ 애정 행동

지층 은 어떤 암석 으로 되어 있을까요?

地層
땅 지 / 층 층

- 뜻: 오랜 세월이 흐르는 동안 여러 종류의 **땅**속 흙이 **층**을 이루면서 돌처럼 굳어진 것
- 쓰임: 지층 대비, 지층 변형

巖石
바위 암 / 돌 석

- 뜻: **바위**와 **돌**. 지구 바깥쪽을 구성하고 있는 단단한 물질
- 쓰임: 암석의 분류, 암석의 순환

지진 이 발생하는 원인은 무엇일까요?

地震
땅 지 / 진동할 진

- 뜻: 땅속의 급격한 변화로 **땅**이 **흔들**리거나 갈라지는 일
- 쓰임: 지진 예측, 지진 피해, 대지진, 지진파

생활 쏙쏙 밑줄 친 한자어의 음(소리)을 쓰세요.

(1) 제주도를 여행하며 기이한 <u>巖石</u>(　　　)을 보고 감탄하였습니다.
(2) <u>地層</u>(　　　)은 줄무늬가 보이며, 각 층의 두께나 색깔 등이 다릅니다.

퀴즈 띵똥 밑줄 친 한자어를 바르게 읽은 것을 고르세요.

6.8 규모의 <u>地震</u>이 일어나 피해가 속출하고 있습니다.

① 지각　　② 암석　　③ 지층　　④ 지진

60 과학 교과서 한자어

우주에 있는 별은 지구로부터 멀리 떨어져 있습니다.

宇宙
집 우 / 집 주

- 뜻: 무한한 시간과 만물을 포함하고 있는 끝없는 공간의 총체
- 쓰임: 광활한 우주, 우주 만물, 우주 탐험

태양계에서 스스로 빛을 내는 천체는 태양뿐입니다.

太陽系
클 태 / 볕 양 / 이어 맬 계

- 뜻: 태양과 그것을 중심으로 공전하는 천체의 집합
- 쓰임: 태양계 행성

지구의 주변을 도는 **위성**을 달이라고 합니다.

衛星
지킬 위 / 별 성

- 뜻: 별 주위를 돌며 지키는 것. 행성의 인력(서로 끌어당기는 힘)에 의하여 그 둘레를 도는 천체
- 쓰임: 인공위성

생활 쏙쏙 밑줄 친 한자어의 음(소리)을 쓰세요.

(1) 宇宙(   ) 쓰레기를 처리하기 위해서는 국제적 협력이 필요합니다.
(2) 太陽系(   )에서 가장 큰 행성은 목성입니다.

퀴즈 띵똥 대화에서 빈칸에 들어갈 한자어를 바르게 표기한 것을 찾아 ○표 하세요.

📅 _____월 _____일

증발 접시에 소금물을 담아 알코올 램프로 가열 해 봅시다.

加熱
더할 가 / 더울 열

- 뜻: 어떤 물질에 **열**을 **가함**.
- 쓰임: 가열 온도, 가열 시간

예상 강수량 은 20mm 미만으로 적은 양의 비가 내리겠습니다.

降水量
내릴 강 / 물 수 / 헤아릴 량

- 뜻: 비, 눈, 우박, 안개 따위로 일정 기간 동안 일정한 곳에 **내린 물**의 **총량**
- 쓰임: 강수량 측정, 강수량이 많다

기체의 종류 와 성질, 쓰임새를 조사해 봅시다.

種類
씨 종 / 무리 류

- 뜻: 사물의 **부문**을 나누는 갈래
- 쓰임: 종류별, 같은 종류

🌱 **생활 쏙쏙** 밑줄 친 한자어의 음(소리)을 쓰세요.

(1) 물을 <u>加熱</u>( ) 하니 물이 수증기로 변하였습니다.
(2) 우리나라는 해안 지역의 <u>降水量</u>( )이 더 많습니다.

🔔 **퀴즈 띵똥** 밑줄 친 낱말을 한자로 바르게 표기한 것을 고르세요.

공기는 산소, 질소, 이산화탄소 등 여러 <u>종류</u>의 기체로 이루어져 있습니다.

① 宇宙   ② 加熱   ③ 衛星   ④ 種類

한자 도레미 **127**

61 과학 교과서 한자어

첨 단 생명 과학을 통하여 해캄 등의 생물로 기름을 만들 수 있습니다.

尖端
뾰족할 첨 / 바를 단

- 뜻 ① 물체의 **뾰족한 끝** ② 시대사조, 학문, 유행 따위의 맨 앞장
- '端'은 '끝'이라는 뜻이 있음.
- 쓰임 첨단 과학, 최첨단

전기 부품의 **도 체** 부분을 서로 연결하였을 때 전류가 흐릅니다.

導體
인도할 도 / 몸 체

- 뜻 열 또는 전기의 **이동 정도**가 비교적 큰 **물체**를 통틀어 이르는 말
- 쓰임 전도체, 반도체

발광 다이오드는 전기가 통하는 정도가 중간 정도의 물질인 **반 도 체** 를 이용하여 만듭니다.

半導體
절반 반 / 인도할 도 / 몸 체

- 뜻 상온에서 **전도율**(전기의 이동 정도)이 도체와 절연체의 **중간 정도**인 **물질**

생활 쏙쏙 밑줄 친 한자어의 음(소리)을 쓰세요.

(1) 2000년대에는 <u>尖端</u>(　　　) 산업과 서비스 산업이 성장하였습니다.
(2) 우리나라 주요 생산품에는 <u>半導體</u>(　　　)가 있습니다.

퀴즈 띵동 밑줄 친 한자어를 바르게 읽은 것을 찾아 ○표 하세요.

<u>導體</u>인 것	<u>導體</u>가 아닌 것
철사, 못, 구리줄	플라스틱, 고무줄, 실

첨단

도체

실험의 안전성을 높이기 위해 모든 공 정 을 기계화하였습니다.

工程
장인 **공** / 길, 법 **정**

- 뜻: 일이 진척되는 **과정**이나 **정도**
- 쓰임: 공정률, 작업 공정, 공정의 자동화

공항이 해외 여 행 을 떠나려는 관 광 객 들로 붐빕니다.

旅行
나그네 **려** / 다닐 **행**

- 뜻: 일이나 유람을 목적으로 다른 고장이나 외국에 **가는 일**
- 쓰임: 세계 여행, 가족 여행, 여행 일정

觀光客
볼 **관** / 빛 **광** / 손님 **객**

- 뜻: 관광하러 다니는 **사람**
- 쓰임: 국내 관광객, 해외 관광객

생활 쏙쏙 밑줄 친 한자어의 음(소리)을 쓰세요.

(1) 주택 신축 공사가 80%의 <u>工程</u>(　　　)을 보이고 있습니다.
(2) 벚꽃이 만발한 공원은 <u>觀光客</u>(　　　)들로 붐볐습니다.

퀴즈 띵동 빈칸에 공통으로 들어갈 한자어를 바르게 표기한 것을 고르세요.

국내 ○○　　해외 ○○　　○○지

① 工程　　② 導體　　③ 旅行　　④ 尖端

62 와우! 내 실력!

1 그림 속 낱말을 한자로 바르게 표기한 것을 보기 에서 찾아 번호를 쓰세요.

보기
① 宇宙 ② 太陽系 ③ 衛星 ④ 環境
⑤ 巖石 ⑥ 氣溫 ⑦ 自然

(1) 우주 ( )
(2) 기온 ( )
(3) 위성 ( )
(4) 암석 ( )
(5) 자연 ( )
(6) 환경 ( )
(7) 태양계 ( )

📅 _____월 _____일

❷ [ ] 안에 있는 한자어의 뜻으로 알맞은 것을 고르세요.

(1) [適應]   (   )

① 공기의 온도

② 잎이 넓은 나무의 종류

③ 일정한 조건이나 환경에 맞추어 응함.

④ 일이나 유람을 목적으로 다른 고장이나 외국에 가는 일

(2) [種類]   (   )

① 사물의 부문을 나누는 갈래

② 일이 진척되는 과정이나 정도

③ 분간하기 어려울 정도로 아주 작음.

④ 일정한 기준에 따라 전체를 몇 개로 갈라 나눔.

❸ [ ] 안에 들어갈 한자어로 알맞은 것을 고르세요.

(1) 파도가 [   ]로 밀려 들어왔습니다.   (   )

① 陸地   ② 精報   ③ 加熱   ④ 衛星

(2) 10일 자정까지 예상 [   ]은 50~120mm입니다.   (   )

① 針葉樹   ② 生態系   ③ 極微細   ④ 降水量

❹ [ ] 안의 한자어를 한글로 쓰세요.

(1) 그는 [創意的]인 아이디어로 멋진 발명품을 만들었습니다.   (   )

(2) 아버지는 [半導體] 산업에 종사하고 계십니다.   (   )

(3) [地震]이 발생하면 책상이나 탁자 밑에 들어가 몸을 보호합니다. (   )

63 수학 교과서 한자어

교과서 한자어는 한자 쓰기 문제가 출제되지 않습니다.

1m²보다 더 큰 **단 위**를 알 수 있습니다.

單位
홑 단 / 자리 위

- 뜻: 길이, 무게, 수효, 시간 따위의 수량을 수치로 나타낼 때 기초가 되는 일정한 **기준**
- 쓰임: 화폐 단위, 천 단위, 1년 단위

각 도의 합은 자연수의 덧셈과 같은 방법으로 계 산 합니다.

角度
뿔 각 / 법도 도

- 뜻: 한 점에서 갈리어 나간 두 직선의 벌어진 **정도**
- 쓰임: 각도를 재다, 45° 각도
- ▶ '度'는 '정도'라는 뜻이 있음.

計算
셀 계 / 셈 산

- 뜻: 셈. 수를 헤아림.
- 쓰임: 계산식, 계산력, 계산기, 계산대

🌱 **생활 쏙쏙** 밑줄 친 한자어의 음(소리)을 쓰세요.

(1) 길이의 <u>單位</u>(　　　)로는 mm, cm, m, km 등이 있습니다.

(2) <u>角度</u>(　　　)와 거리를 고려해 멋진 사진을 찍었습니다.

🔔 **퀴즈 띵똥** 빈칸에 공통으로 들어갈 한자어로 알맞은 것을 고르세요.

- 이번 달에 쓴 금액을 ○○해 보았습니다.
- 상점 아저씨는 익숙하게 ○○기를 두드리셨습니다.

① 對應　② 單位　③ 計算　④ 角度

📅 _____월 _____일

좌석표에서 규 칙 을 찾고 이야기해 봅시다.

規則
법 규 / 법칙 칙

- 뜻: 여러 사람이 다 같이 지키기로 한 **법칙**. 질서
- 쓰임: 경기 규칙, 규칙 위반

두 수 사이의 대 응 관계를 식으로 나타내 봅시다.

對應
대답할 대 / 응할 응

- 뜻: 두 집합이 있을 때 어떤 주어진 관계에 따라 두 집합의 원소(집합을 이루는 낱낱의 요소)끼리 **짝**이 되는 일
- 쓰임: 일대일 대응, 일대다 대응

소녀가 색종이를 접어 각도기를 만들어 주겠다고 약 속 하였습니다.

約束
맺을 약 / 묶을 속

- 뜻: 다른 사람과 앞으로의 일을 어떻게 할 것인가를 미리 정하여 둠. 또는 그렇게 정한 내용
- 쓰임: 약속 시간, 약속 장소

🌱 **생활 쏙쏙** 밑줄 친 한자어의 음(소리)을 쓰세요.

(1) 벽지에서 規則(_____)적인 무늬를 발견하였습니다.

(2) 우리는 10년 후에 다시 만나기로 約束(_____)하였습니다.

🔔 **퀴즈 띵똥** 빈칸에 공통으로 들어갈 한자어로 알맞은 것을 고르세요.

일대일 ○○   일대다 ○○

① 規則   ② 角度   ③ 對應   ④ 約束

64 수학 교과서 한자어

기준을 정하여 각을 분류해 보세요.

基準
터 기 / 법도 준

- 뜻: 기본이 되는 표준
- 쓰임: 심사 기준, 평가 기준
- '基'는 '기초', '기본'이라는 뜻이 있음.

수직선을 보고 **분수**로 나타내 봅시다.

分數
나눌 분 / 셈 수

- 뜻: 정수 a를 0이 아닌 정수 b로 나눈 몫을 $\frac{a}{b}$로 표시한 것
- '정수'는 0보다 큰 수를 뜻함.

삼각형을 변의 길이에 따라 **분류**해 봅시다.

分類
나눌 분 / 무리 류

- 뜻: 종류에 따라서 가름.
- 쓰임: 분류 기준, 분류 방법, 내용 분류

생활 쏙쏙 밑줄 친 한자어의 음(소리)을 쓰세요.

(1) 책을 고르는 나만의 <u>基準</u>(　　)이 있습니다.
(2) 쓰레기를 종류별로 <u>分類</u>(　　)해서 버렸습니다.

퀴즈 띵똥 다음 뜻이 설명하는 한자어로 알맞은 것에 ○표 하세요.

> 정수 a를 0이 아닌 정수 b로 나눈 몫을 $\frac{a}{b}$로 표시한 것

| 基準 | 比較 | 分數 | 分類 |

기준량에 대한 **비교**하는 양의 크기를 **비율**이라고 합니다.

比較
견줄 비 / 견줄 교

- 뜻: 둘 이상의 사물을 **견주어** 서로 간의 유사점, 차이점, 일반 법칙 따위를 고찰하는 일
- 쓰임: 비교 대상, 비교 분석

比率
견줄 비 / 비율 률

- 뜻: 다른 수나 양에 대한 어떤 수나 양의 비(比)
- 쓰임: 청년층 비율, 비율이 낮다
- 모음 뒤에 이어지는 '率'은 '율'로 읽음.

비율이 같은 두 비를 찾아 **비례식**으로 나타내어 보시오.

比例式
견줄 비 / 법식 례 / 법 식

- 뜻: 두 개의 비가 같음을 나타내는 식
- 비례식의 예) a : b = c : d

생활 쏙쏙 — 밑줄 친 한자어의 음(소리)을 쓰세요.

(1) 두 선수의 경기력을 比較(　　　)해 보았습니다.
(2) 우리나라는 노년층의 比率(　　　)이 늘고 있습니다.

퀴즈 띵똥 — 대화에서 설명하는 한자어로 알맞은 것에 ○표 하세요.

오늘 나는 '두 개의 비가 같음을 나타내는 식'에 대해 배웠어.

□□□을 배웠구나.

| 比例式 | 比率式 |
| 比較式 | 分類式 |

65 수학·실과 교과서 한자어

이 마을의 70명은 20세 **초 과** 이고, 그중에 7명은 70세 **이 상** 입니다.

超過
넘을 초 / 지날 과

- 뜻: 일정한 수나 한도 따위를 넘음.
- 쓰임: 정원 초과, 목표 초과 달성
- ▶ '초과'는 기준이 수량으로 제시될 경우에는, 그 수량이 범위에 포함되지 않으면서 그 위인 경우를 가리킴.

以上
써 이 / 위 상

- 뜻: 수량이나 정도가 일정한 기준보다 더 많거나 나음.
- 쓰임: 120cm 이상, 만 18세 이상
- ▶ '이상'은 기준이 수량으로 제시될 경우에는, 그 수량이 범위에 포함되면서 그 위인 경우를 가리킴.

이 경기에서는 우리 팀이 이길 **확 률** 이 큽니다.

確率
굳을 확 / 비율 률

- 뜻: 일정한 조건 아래에서 어떤 사건이나 현상이 일어날 가능성의 정도. 또는 그런 수치
- 쓰임: 이길 확률, 확률 계산, 50% 확률

생활 쏙쏙 밑줄 친 한자어의 음(소리)을 쓰세요.

(1) 엘리베이터에 정원을 *超過*(　　　)한 인원이 탑승하였습니다.

(2) 이 영화는 12세 *以上*(　　　) 관람가입니다.

퀴즈 띵똥 밑줄 친 한자어를 바르게 읽은 것을 고르세요.

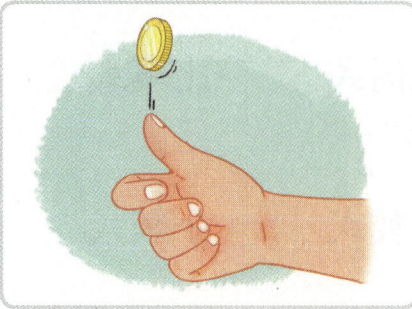

동전을 던져 앞면이 나올 *確率*은 $\frac{1}{2}$입니다.

① 비율　　② 확률　　③ 이상　　④ 초과

家庭
집 가 / 뜰 정

- 뜻: 한 가족이 생활하는 **집**
- 쓰임: 화목한 가정, 가정 방문, 가정 환경, 가정 교육

가 정은 가족이 함께 생활하는 곳입니다.

옷을 잘 관리하여 입으면 **단 정**한 옷차림을 할 수 있습니다.

端正
바를 단 / 바를 정

- 뜻: 옷차림새나 몸가짐 따위가 얌전하고 **바름**.
- 쓰임: 단정한 옷차림, 용모 단정

생활 공간이 **쾌 적**하면 건강하게 생활할 수 있습니다.

快適
쾌할 쾌 / 맞을 적

- 뜻: 기분이 **상쾌하고** 즐거움.
- 쓰임: 쾌적한 공기, 쾌적한 물

생활 쏙쏙 밑줄 친 한자어의 음(소리)을 쓰세요.

(1) 家庭(　　　)에서 화단을 가꾸고 있습니다.

(2) 비 온 뒤 맑게 갠 하늘을 보며 快適(　　　)한 공기를 느껴 보았습니다.

퀴즈 띵똥 밑줄 친 한자어를 바르게 읽은 것을 고르세요.

민희는 늘 옷차림이 <u>端正</u>하고 표정이 밝습니다.

① 이상　② 단정　③ 가정　④ 쾌적

66 음악·미술 교과서 한자어

음악의 시작 부분에 사용된 악기 를 알아봅시다.

樂器
풍류 악 / 그릇 기

- 뜻 음악을 연주하는 데 쓰는 기구를 통틀어 이르는 말
- ★ 여러 가지 뜻과 음을 가진 한자: 樂(즐거울 락 / 풍류 악 / 좋아할 요)

소리의 어울림을 느끼며 부분 2부 합창 을 해 봅시다.

合唱
합할 합 / 부를 창

- 뜻 여러 사람이 목소리를 맞추어서 노래를 부름. 또는 그 노래
- 쓰임 합창곡, 합창 연습

모두가 밝게 미소 지으며 음악의 나래를 펼쳐 봅시다.

微笑
작을 미 / 웃음 소

- 뜻 소리 없이 빙긋이 웃음. 또는 그런 웃음
- 쓰임 미소를 머금다, 미소를 보내다

생활 쏙쏙 밑줄 친 한자어의 음(소리)을 쓰세요.

(1) 리듬 <u>樂器</u>(   )에 맞춰 노래를 불렀습니다.

(2) 할머니의 <u>微笑</u>(   )를 보면 언제나 기분이 좋습니다.

퀴즈 띵동 밑줄 친 한자어를 바르게 읽은 것을 찾아 ○표 하세요.

직선, 곡선 등 여러 종류의 선을 찾아보세요.

曲線
굽을 곡 / 줄 선

- 뜻: 모나지 아니하고 부드럽게 굽은 선
- 쓰임: 곡선을 그리다

생각 그물의 연상한 단어로 이야기를 지어 표현해 봅시다.

聯想
잇닿을 련 / 생각 상

- 뜻: 하나의 관념(어떤 일에 대한 생각)이 다른 관념을 불러일으키는 현상
- 쓰임: 연상 작용

감상한 작품에서 인상 깊은 점이 무엇인가요?

印象
도장 인 / 코끼리 상

- 뜻: 어떤 대상에 대하여 마음속에 새겨지는 느낌
- ▶ '象'은 '모양', '형상', '얼굴 모양'이라는 뜻이 있음.
- 쓰임: 좋은 인상, 선한 인상, 무뚝뚝한 인상

생활 쏙쏙 — 밑줄 친 한자어의 음(소리)을 쓰세요.

(1) 미술 작품을 살펴보고 이야기를 聯想(　　　)해 보았습니다.
(2) 때와 장소에 맞는 옷차림은 다른 친구들에게 좋은 印象(　　　)을 줍니다.

퀴즈 띵똥 — 밑줄 친 한자어를 바르게 읽은 것을 찾아 ○표 하세요.

리본 체조에서 曲線의 아름다움을 느꼈습니다.

① 악기　　② 곡선　　③ 직선　　④ 미소

67 체육 교과서 한자어

건강에 도움이 되는 다양한 **여 가** 활동을 해 봅시다.

餘暇
남을 여 / 겨를 가

- 뜻: 일이 없어 남는 시간
- 쓰임: 여가 시간, 여가 활동, 여가 생활

활동을 할 때 자신감을 가지고 **적 극 적**으로 도전해 봅시다.

積極的
쌓을 적 / 다할 극 / 과녁 적

- 뜻: 대상에 대한 태도가 긍정적이고 능동적인 것
- 쓰임: 적극적 행동, 적극적 추진

나는 조용하고 **소 극 적**인 편입니다.

消極的
사라질 소 / 다할 극 / 과녁 적

- 뜻: 스스로 앞으로 나아가거나 상황을 개선하려는 기백이 부족하고 비활동적인 것
- 쓰임: 소극적 활동, 소극적 대처

생활 쏙쏙 밑줄 친 한자어의 음(소리)을 쓰세요.

(1) 나는 <u>餘暇</u>(　　　) 시간에 축구를 합니다.
(2) 나는 모든 일에 <u>積極的</u>(　　　)인 성격인데 반해 동생은 <u>消極的</u>(　　　)인 성격입니다.

퀴즈 띵동 빈칸에 공통으로 들어갈 한자어를 고르세요.

○○ 시간   ○○ 활동   ○○ 선용

① 餘暇   ② 積極   ③ 消極   ④ 公共

캠핑 시 공공 시설을 깨끗하게 사용합니다.

公共
공변될 공 / 함께 공

- **뜻**: 국가나 사회의 구성원에게 두루 관계되는 것
- **쓰임**: 공공 기관, 공공 생활, 공공 도서관

'장애물을 넘어라' 릴레이 게임을 해 봅시다.

障碍
막을 장 / 막을 애

- **뜻**: 어떤 사물의 진행을 가로막아 거치적거리게 하거나 충분한 기능을 하지 못하게 함.
- **쓰임**: 소통 장애, 호흡 장애, 장애 발생

생활 쏙쏙 밑줄 친 한자어의 음(소리)을 쓰세요.

(1) 근처 公共(　　　)기관에는 경찰서, 시청이 있습니다.

(2) 체육 시간에 여러 가지 형태의 障碍(　　　)물을 넘어 달리는 게임을 하였습니다.

퀴즈 띵동 밑줄 친 한자어를 한자로 바르게 표기한 것을 고르세요.

① 比例式　② 地球村　③ 積極的　④ 消極的

68 와우! 내 실력!

❶ 그림 속 낱말을 한자로 바르게 표기한 것을 보기 에서 찾아 번호를 쓰세요.

보기
① 公共 ② 比率 ③ 規則 ④ 合唱
⑤ 印象 ⑥ 角度 ⑦ 比較

(1) 각도 ( )
(2) 비율 ( )
(3) 합창 ( )
(4) 규칙 ( )
(5) 인상 ( )
(6) 공공 ( )
(7) 비교 ( )

❷ [ ] 안에 있는 한자어의 뜻으로 알맞은 것을 고르세요.

(1) [快適] ( )
　① 셈. 수를 헤아림.
　② 종류에 따라서 가름.
　③ 기분이 상쾌하고 즐거움.
　④ 소리 없이 빙긋이 웃음. 또는 그런 웃음

(2) [超過] ( )
　① 기본이 되는 표준
　② 일정한 수나 한도 따위를 넘음.
　③ 모나지 아니하고 부드럽게 굽은 선
　④ 옷차림새나 몸가짐 따위가 얌전하고 바름.

❸ [ ] 안에 들어갈 한자어로 알맞은 것을 고르세요.

(1) 교향곡을 감상한 뒤 나도 [ ]를 다루어 보고 싶다는 생각을 하였습니다. ( )
　① 樂器　　② 比例式　　③ 對應　　④ 約束
(2) '기차', '비행기'를 보면 '여행'이 자연스레 [ ]됩니다. ( )
　① 分數　　② 單位　　③ 端正　　④ 聯想

❹ [ ] 안의 한자어를 한글로 쓰세요.

(1) 열차가 터널에 들어서자 일시적으로 통신 [障碍]가 생겼습니다. ( )
(2) 나는 [餘暇] 시간에 주로 영화를 봅니다. ( )
(3) 선생님은 [積極的]인 태도로 수업하는 민수를 칭찬하셨습니다. ( )

룰루랄라 ♪ 교과서 한자어

한 박자 쉬고

한자송을 들으며 빈칸에 알맞은 한자어의 독음(소리)을 쓰세요.

1. 문제를 解決 ☐☐   협의해 討議 ☐☐   맡은 일 役割 ☐☐
   적절한 根據 ☐☐   차분히 說得 ☐☐   바람직한 態度 ☐☐
   마주 보며 面談 ☐☐   選擇 ☐☐ 을 尊重 ☐☐   우정의 便紙 ☐☐
   알려요 廣告 ☐☐   옳다구나 肯定 ☐☐   실제로 經驗 ☐☐

2. 原因 ☐☐ 과 結果 ☐☐   재밌는 公演 ☐☐   소중한 文化財 ☐☐☐
   글의 文脈 ☐☐   固有語 ☐☐☐ 와 標準語 ☐☐☐
   자주 쓰는 慣用 表現 ☐☐☐☐   俗談 ☐☐ 과 時調 ☐☐
   작품의 背景 ☐☐   눈에 본 듯 描寫 ☐☐   떠올려 想像 ☐☐
   학교 옮겨 轉學 ☐☐   감동의 餘韻 ☐☐

3. 勤勉 ☐☐ 과 恭敬 ☐☐   讓步 ☐☐ 와 妥協 ☐☐
   社會 ☐☐ 의 秩序 ☐☐   법원 司法府 ☐☐☐
   다스려요 政治 ☐☐   마음대로 自由 ☐☐   국민의 權利 ☐☐
   參政權 ☐☐☐   행사 選擧 ☐☐ 와 投票 ☐☐
   經濟 ☐☐ 와 稅金 ☐☐   收入 ☐☐ 을 貯金 ☐☐
   投資 ☐☐ 와 輸出 ☐☐

4. 반만년 歷史 ☐☐   하나로 統一 ☐☐   나라를 建國 ☐☐
   홀로 서 獨立 ☐☐   사람 모여 團體 ☐☐   치열한 戰爭 ☐☐
   지도 위 縮尺 ☐☐   우리의 傳統 ☐☐   곳곳에 分布 ☐☐
   힘 합쳐 協同 ☐☐   엑스포 博覽會 ☐☐☐   세계 地球村 ☐☐☐

5. 절로 생겨 自然 ☐☐　創意的 ☐☐☐ 생각
　　季節 ☐☐ 별 氣溫 ☐☐　바다와 陸地 ☐☐
　　필요한 情報 ☐☐　環境 ☐☐　汚染 ☐☐ 방지
　　생물 사는 生態系 ☐☐☐　작아 極微細 ☐☐☐
　　針葉樹 ☐☐☐ 와 闊葉樹 ☐☐☐　서로 區分 ☐☐ 해
　　환경에 適應 ☐☐　求愛 行動 ☐☐☐☐

6. 地層 ☐☐ 과 巖石 ☐☐　흔들려 地震 ☐☐
　　宇宙 ☐☐ 와 太陽系 ☐☐☐　별 지켜 衛星 ☐☐
　　앗 뜨거 加熱 ☐☐　비 내려 降水量 ☐☐☐
　　여러 가지 種類 ☐☐　뾰족 尖端 ☐☐
　　導體 ☐☐ 와 半導體 ☐☐☐　작업 工程 ☐☐
　　여기저기 旅行 ☐☐　구경 觀光客 ☐☐☐

7. 수 세는 單位 ☐☐　角度 ☐☐ 를 計算 ☐☐　지켜요 規則 ☐☐
　　짝 지어 對應 ☐☐　미리미리 約束 ☐☐　정해진 基準 ☐☐
　　½ 分數 ☐☐　나눠요 分類 ☐☐
　　比較 ☐☐　比率 ☐☐　比例式 ☐☐☐　모두 견줄 비
　　超過 ☐☐ 와 以上 ☐☐　가능성 確率 ☐☐

8. 화목한 家庭 ☐☐　端正 ☐☐ 한 차림　快適 ☐☐ 한 공기
　　연주해 樂器 ☐☐　반주 맞춰 合唱 ☐☐　은은한 微笑 ☐☐
　　굽은 선 曲線 ☐☐　聯想 ☐☐ 과 印象 ☐☐
　　餘暇 ☐☐ 시간　積極的 ☐☐☐ · 消極的 ☐☐☐ 태도
　　모두 함께 公共 ☐☐　막아 선 障碍 ☐☐

➡ 정답은 146쪽

룰루랄라♪
교과서 한자어 정답

1. 解決 해결 討議 토의 役割 역할 根據 근거 說得 설득 態度 태도 面談 면담
   選擇 선택 尊重 존중 便紙 편지 廣告 광고 肯定 긍정 經驗 경험

2. 原因 원인 結果 결과 公演 공연 文化財 문화재 文脈 문맥 固有語 고유어
   標準語 표준어 慣用 表現 관용 표현 俗談 속담 時調 시조 背景 배경 描寫 묘사
   想像 상상 轉學 전학 餘韻 여운

3. 勤勉 근면 恭敬 공경 讓步 양보 妥協 타협 社會 사회 秩序 질서 司法府 사법부
   政治 정치 自由 자유 權利 권리 參政權 참정권 選擧 선거 投票 투표 經濟 경제
   稅金 세금 收入 수입 貯金 저금 投資 투자 輸出 수출

4. 歷史 역사 統一 통일 建國 건국 獨立 독립 團體 단체 戰爭 전쟁 縮尺 축척
   傳統 전통 分布 분포 協同 협동 博覽會 박람회 地球村 지구촌

5. 自然 자연 創意的 창의적 季節 계절 氣溫 기온 陸地 육지 情報 정보 環境 환경
   汚染 오염 生態系 생태계 極微細 극미세 針葉樹 침엽수 闊葉樹 활엽수 區分 구분
   適應 적응 求愛 行動 구애 행동

6. 地層 지층 巖石 암석 地震 지진 宇宙 우주 太陽系 태양계 衛星 위성 加熱 가열
   降水量 강수량 種類 종류 尖端 첨단 導體 도체 半導體 반도체 工程 공정
   旅行 여행 觀光客 관광객

7. 單位 단위 角度 각도 計算 계산 規則 규칙 對應 대응 約束 약속 基準 기준
   分數 분수 分類 분류 比較 비교 比率 비율 比例式 비례식 超過 초과 以上 이상
   確率 확률

8. 家庭 가정 端正 단정 快適 쾌적 樂器 악기 合唱 합창 微笑 미소 曲線 곡선
   聯想 연상 印象 인상 餘暇 여가 積極的 적극적 消極的 소극적
   公共 공공 障碍 장애

5급
실전 문제로 시험에 완벽하게 대비해요

실력
띵똥땡

- 제1~10회 기출 및 예상 문제
- 최종 모의시험 안내 및 문제

제1회 기출 및 예상 문제

📅 _____월 _____일

객관식 (1~30번)

👍 [ ] 안의 한자와 음(소리)이 같은 한자는?

1. [題] ① 元 ② 第 ③ 反 ④ 死
2. [音] ① 章 ② 意 ③ 飮 ④ 部
3. [英] ① 永 ② 藥 ③ 勇 ④ 服
4. [始] ① 野 ② 示 ③ 共 ④ 別
5. [美] ① 線 ② 洋 ③ 當 ④ 米

👍 [ ] 안의 한자와 뜻이 반대(상대)되는 한자는?

6. [近] ① 遠 ② 才 ③ 通 ④ 計
7. [去] ① 犬 ② 夏 ③ 光 ④ 來

👍 [ ] 안의 한자와 뜻이 비슷한 한자는?

8. [首] ① 樹 ② 果 ③ 頭 ④ 度
9. [話] ① 言 ② 品 ③ 李 ④ 詩
10. [業] ① 原 ② 孫 ③ 花 ④ 事

👍 보기 의 단어들과 관련이 깊은 한자는?

11. 보기 생선 바다 어항
    ① 昨 ② 魚 ③ 晝 ④ 竹

12. 보기 상처 빨강 생명
    ① 信 ② 運 ③ 血 ④ 黃

13. 보기 해 따뜻함 빛
    ① 陽 ② 式 ③ 貝 ④ 花

👍 다음 설명이 뜻하는 한자어는?

14. 나라를 다스리는 일
    ① 背景 ② 分布 ③ 導體 ④ 政治

15. 땅속의 급격한 변화로 땅이 흔들리거나 갈라지는 현상
    ① 獨立 ② 地震 ③ 觀光客 ④ 角度

16. 두 개의 비가 같음을 나타내는 식
    ① 環境 ② 輸出 ③ 俗談 ④ 比例式

17. 제기된 문제를 해명하거나 얽힌 일을 잘 처리함.
    ① 解決 ② 轉學 ③ 投票 ④ 統一

18. 몸의 동작이나 몸을 가누는 모양새
    ① 陸地 ② 宇宙 ③ 態度 ④ 針葉樹

👍 한자로 표기된 단어의 독음(소리)이 바른 것은?

19. 餘暇 활동을 하면 기분이 상쾌해집니다.
    ① 미술 ② 여행 ③ 여가 ④ 취미

20. 에너지 절약을 실천하기로 約束하였습니다.
    ① 약정 ② 단속 ③ 조약 ④ 약속

21. 두 사람은 서로 다른 메뉴를 選擇하였습니다.
    ① 연상 ② 상상 ③ 선택 ④ 선거

22. 나는 수줍음이 많고 消極的인 성격입니다.
    ① 소극적 ② 적극적 ③ 창의적 ④ 잠재적

23. 合唱 대회에서 우리 반이 대상을 받았습니다.
    ① 합창 ② 합주 ③ 농구 ④ 속담

👍 ( ) 안에 들어갈 한자어로 알맞은 것은?

24. 오늘은 우리 팀이 이길 (   )이 높습니다.
    ① 家庭 ② 確率 ③ 肯定 ④ 求愛行動

25. 아기가 해맑은 (   )를 지으며 기뻐합니다.
    ① 描寫 ② 經驗 ③ 文脈 ④ 微笑

26. 그는 강직하여 불의와 (   )할 줄 모릅니다.
    ① 稅金 ② 權利 ③ 巖石 ④ 妥協

27. (   ) 있게 차례대로 승차합시다.
    ① 役割 ② 秩序 ③ 汚染 ④ 標準語

28. ( )에서 가장 작은 행성은 수성입니다.
    ① 太陽系 ② 快適 ③ 討議 ④ 適應
29. 하루 세끼 ( )적으로 식사를 합니다.
    ① 地層 ② 原因 ③ 規則 ④ 參政權
30. 오늘 아침 서울의 ( )은 영상 14℃입니다.
    ① 傳統 ② 尊重 ③ 氣溫 ④ 樂器

주관식 (31~100번)

👍 한자의 훈(뜻)과 음(소리)을 한글로 쓰시오.

31. 愛( ) 32. 書( )
33. 强( ) 34. 功( )
35. 冬( ) 36. 多( )
37. 圖( ) 38. 洋( )
39. 登( ) 40. 放( )
41. 京( ) 42. 發( )
43. 界( ) 44. 席( )
45. 毛( )

👍 □ 안에 공통으로 들어갈 한자를 보기 에서 찾아 쓰시오.

보기: 聞 路 郡 速 短

46. □命 □身 □刀 ( )
47. □行 高□ □成 ( )
48. 見□ 所□ 新□ ( )

👍 [가로 열쇠]와 [세로 열쇠]를 읽고, 빈칸에 공통으로 들어갈 한자를 쓰시오.

49. 活 / 利
    세로 열쇠: 충분히 잘 이용함.
    가로 열쇠: 대상을 필요에 따라 이롭게 씀.

50. 族 / 友
    세로 열쇠: 가까이하여 친한 사람
    가로 열쇠: 촌수가 가까운 일가

51. 明 / 風
    세로 열쇠: 부드럽고 맑은 바람
    가로 열쇠: 날씨가 맑고 밝음.

👍 한자어의 독음을 쓰시오.

52. 朝夕( ) 53. 同窓( )
54. 電氣( ) 55. 竹林( )
56. 空中( ) 57. 毛根( )
58. 不幸( ) 59. 學習( )
60. 韓國( ) 61. 當代( )
62. 共感( ) 63. 男女( )
64. 道路( ) 65. 生命( )
66. 市場( )

👍 글을 읽고 밑줄 친 부분의 뜻을 가진 한자를 보기 에서 찾아 쓰시오.

정월의 세시풍속 중 '야광귀 쫓기'라는 것이 67)있습니다. 설날 68)밤이면 야광(夜光)이라는 69)귀신이 하늘에서 내려와 70)마을을 돌며 71)아이들의 신발을 신어보고, 72)자기 발에 맞으면 곧바로 신고 73)가 버리는데 그러면 신발 주인은 그 해 운수가 나쁘다고 합니다. 그래서 아이들은 설 전날 밤 신발을 감추고 잤습니다.

보기: 去 急 童 村 在 己 神 夜 交

67. _____ 68. _____ 69. _____
70. _____ 71. _____ 72. _____
73. _____

한자로 표기된 단어의 독음을 쓰시오.

74. 두 매장의 물건값을 比較해 보았습니다.
(   )

75. 어머니는 收入의 반을 저축하십니다.
(   )

76. 면접장에 들어가기 전에 옷매무새를 端正하게 정돈하였습니다. (   )

77. 그는 웃어른을 恭敬하고 아랫사람을 잘 보살핍니다. (   )

78. 가을은 결실의 季節입니다.
(   )

79. 自由와 평등은 민주주의의 가장 큰 덕목입니다.
(   )

80. 수십 개의 衛星이 목성 주위를 돌고 있습니다.
(   )

81. 우리나라는 반만년의 歷史를 가지고 있습니다.
(   )

82. 6·25 戰爭은 우리 민족을 둘로 갈라놓았습니다.
(   )

83. 엘리베이터에서 정원 超過를 알리는 벨이 울렸습니다. (   )

( ) 안의 단어를 한자로 쓰시오.

84. 노란색과 파란색을 섞으면 (초록)색이 됩니다.
(   )

85. 중동 지역에는 (유전)이 많습니다.
(   )

86. 부부는 오랜 시간 인생의 (고락)을 함께해 왔습니다. (   )

87. 우리 팀은 세 경기 연속 (무승)을 기록하였습니다. (   )

88. 노인은 지나간 (청춘)을 돌이켜 보았습니다.
(   )

문장에서 잘못 쓴 한자를 바르게 고쳐 쓰시오. (단, 음이 같은 한자로 고칠 것)

89. 박물관에 화재가 나 많은 문화재가 少失되었습니다. (→   )

90. 그녀는 냉철하고 里性적인 사람입니다.
(→   )

훈음에 맞는 한자를 쓰시오.

91. 각각 각 (   ) **92.** 예도 례 (   )
93. 뿌리 근 (   ) **94.** 고기 육 (   )
95. 곧을 직 (   ) **96.** 겉 표 (   )
97. 열 개 (   ) **98.** 클 태 (   )

보기 의 내용에 맞게 □ 안에 적당한 한자를 넣어 한자성어를 완성하시오.

99. □ 心 三 日   (   )

> 보기
> '지어먹은 마음이 사흘을 넘기지 못한다'는 뜻으로, 결심이나 계획이 굳지 못해 오래가지 못하고 흐지부지됨을 이름.

100. 前 無 □ 無   (   )

> 보기
> 이전에도 없었고 앞으로도 없음.

70 제2회 기출 및 예상 문제

월   일

객관식 (1~30번)

👍 [ ] 안의 한자와 음(소리)이 같은 한자는?

1. [行] ①病 ②感 ③巾 ④幸
2. [花] ①服 ②和 ③族 ④夏
3. [洋] ①運 ②黃 ③羊 ④會
4. [冬] ①童 ②號 ③功 ④高
5. [成] ①後 ②窓 ③形 ④姓

👍 [ ] 안의 한자의 뜻으로 알맞은 것은?

6. [路] ①길 ②빛 ③병 ④줄
7. [步] ①걸음 ②음식 ③수영 ④하늘
8. [等] ①말씀 ②소리 ③무리 ④어제

👍 [ ] 안의 한자와 뜻이 비슷한 한자는?

9. [席] ①京 ②者 ③強 ④位
10. [身] ①勇 ②重 ③體 ④堂

👍 [ ] 안의 한자와 뜻이 반대(상대)되는 한자는?

11. [苦] ①油 ②式 ③樂 ④藥
12. [夕] ①樹 ②朝 ③示 ④朴

👍 보기 의 단어들과 관련이 깊은 한자는?

13. 보기   녹차   음료수   생수

    ①言 ②速 ③作 ④飮

14. 보기   진돗개   푸들   셰퍼드

    ①魚 ②犬 ③弱 ④銀

15. 보기   바지락   전복   홍합

    ①竹 ②友 ③貝 ④詩

👍 [ ] 안의 한자어의 독음(소리)으로 알맞은 것은?

16. [廣告] ①광고 ②단위 ③도체 ④비율
17. [工程] ①공공 ②공정 ③긍정 ④공경
18. [分類] ①분류 ②분수 ③분리 ④분포
19. [投票] ①투표 ②선거 ③투자 ④선택
20. [經濟] ①경험 ②계절 ③경제 ④결과

👍 [ ] 안의 한자어의 뜻으로 알맞은 것은?

21. [加熱]
    ① 열을 가함.
    ② 나라를 세움.
    ③ 돈을 모아 둠.
    ④ 해답을 요구하는 물음

22. [肯定]
    ① 부지런히 일하며 힘씀.
    ② 서로 만나서 이야기함.
    ③ 자신이 실제로 해 보거나 겪어 봄.
    ④ 그러하다고 생각하여 옳다고 인정함.

23. [餘韻]
    ① 뒤쪽의 경치
    ② 다른 학교로 옮김.
    ③ 잎이 넓은 나무의 종류
    ④ 아직 가시지 않고 남아 있는 운치

24. [獨立]
    ① 남의 힘을 입지 않고 홀로 섬.
    ② 일정한 수나 한도 따위를 넘음.
    ③ 돈이나 물품 따위를 거두어들임.
    ④ 자기가 마땅히 하여야 할 맡은 일

제2회 기출 및 예상 문제

25. [文脈]
① 기본이 되는 표준
② 소리 없이 빙긋이 웃음.
③ 글월에 표현된 의미의 앞뒤 연결
④ 둘 이상의 사물을 서로 견주어 봄.

👍 ( ) 안에 들어갈 한자어로 알맞은 것은?

26. 나라마다 무게, 길이를 재는 ( )가 다르기도 합니다.
① 單位 ② 選擧 ③ 描寫 ④ 觀光客

27. 이곳은 높이 2.2m ( )의 차량이 진입할 수 없습니다.
① 時調 ② 原因 ③ 以上 ④ 端正

28. 쨍과리는 놋쇠로 만들어 채로 쳐서 소리를 내는 ( )입니다.
① 貯金 ② 陸地 ③ 汚染 ④ 樂器

29. ( )적이거나 공감이 가는 부분을 찾으며 글을 읽어 봅시다.
① 印象 ② 適應 ③ 地球村 ④ 針葉樹

30. 우리나라는 연평균 ( )이 1,000mm를 넘습니다.
① 家庭 ② 公共 ③ 標準語 ④ 降水量

주관식 (31~100번)

👍 한자의 훈(뜻)과 음(소리)을 한글로 쓰시오.

31. 江 (   )   **32.** 對 (   )
33. 無 (   )   **34.** 式 (   )
35. 萬 (   )   **36.** 古 (   )
37. 所 (   )   **38.** 王 (   )
39. 五 (   )   **40.** 夫 (   )

👍 훈음에 맞는 한자를 보기에서 찾아 쓰시오.

보기: 去 題 六 東 音 弱 牛 休 高 見

41. 약할 약 (   )   **42.** 소   우 (   )
43. 갈   거 (   )   **44.** 소리 음 (   )
45. 제목 제 (   )   **46.** 쉴   휴 (   )
47. 높을 고 (   )   **48.** 볼   견 (   )
49. 동녘 동 (   )   **50.** 여섯 륙 (   )

👍 한자어의 독음을 쓰시오.

51. 交通 (   )   **52.** 反省 (   )
53. 果刀 (   )   **54.** 夜光 (   )
55. 形式 (   )   **56.** 通信 (   )
57. 淸明 (   )   **58.** 勝利 (   )
59. 禮度 (   )   **60.** 發音 (   )
61. 血肉 (   )   **62.** 便安 (   )
63. 共用 (   )   **64.** 神話 (   )
65. 讀書 (   )   **66.** 親近 (   )
67. 意圖 (   )   **68.** 各界 (   )
69. 昨年 (   )   **70.** 開放 (   )

👍 [가로 열쇠]와 [세로 열쇠]를 읽고, 빈칸에 공통으로 들어갈 한자를 쓰시오.

71.

見	세로 열쇠	보고 들음.
風	가로 열쇠	바람처럼 떠도는 소문

72.

原	세로 열쇠	인간을 다른 동물과 구별시켜 주는 인간의 본질적 특성
性	가로 열쇠	사물의 근본이 되는 이치

73.

多	세로 열쇠	재주가 많음.
英	가로 열쇠	뛰어난 재주. 또는 그런 사람

◆ □ 안에 공통으로 들어갈 한자를 보기 에서 찾아 쓰시오.

보기: 部 半 野 直 愛

74. 草□ 平□ 在□ ( )
75. □品 □首 全□ ( )
76. □言 □面 □線 ( )

◆ 문장에서 잘못 쓴 한자를 바르게 고쳐 쓰시오. (단, 음이 같은 한자로 고칠 것)

77. 그는 성격도 좋고 米男이라 사람들에게 인기가 많습니다. (→)
78. 동아리의 神入 회원을 모집 중입니다. (→)

◆ ( ) 안의 단어를 한자로 쓰시오.

79. 왕자와 공주는 (영원)히 행복하게 살았습니다. ( )
80. 경제 불황이 (실업)을 유발하였습니다. ( )
81. 우리 팀은 결승 경기에 (사활)을 걸었습니다. ( )
82. 박물관에서 (원시) 부족의 생활을 살펴보았습니다. ( )
83. 눈부신 (태양)이 솟아올랐습니다. ( )

◆ 한자로 표기된 단어의 독음을 쓰시오.

84. 한옥 지붕의 曲線은 부드럽고 우아한 멋을 느끼게 합니다. ( )
85. 투표를 하지 않는 것은 權利를 포기하는 것입니다. ( )
86. 친구는 肯定도 부정도 아닌 미소를 지어 보였습니다. ( )
87. 지도에 縮尺과 방위가 표시되어 있습니다. ( )
88. 경주에는 신라 시대의 文化財가 잘 보존되어 있습니다. ( )
89. 우리나라는 半導體 분야에서 두각을 나타냅니다. ( )
90. 宇宙는 끝없이 광활합니다. ( )
91. 물과 소금을 1:1 比率로 섞었습니다. ( )
92. 여행은 想像만으로도 즐겁습니다. ( )
93. 형은 부모님을 說得하였습니다. ( )
94. 俗談에 이르길 '아는 길도 물어가라'고 하였습니다. ( )
95. 산이 巖石으로 덮여 있습니다. ( )
96. 식물대는 등고선을 따라 수직적으로 分布합니다. ( )
97. 동생은 創意的인 생각을 자주 합니다. ( )
98. 범인의 움직임에 경찰은 즉각 對應하였습니다. ( )

◆ 보기 의 내용에 맞게 □ 안에 적당한 한자를 넣어 한자성어를 완성하시오.

99. 百年大□ ( )

보기: 먼 앞날까지 미리 내다보고 세우는 크고 중요한 계획

100. 萬□江山 ( )

보기: 아주 오랜 세월 동안 변함이 없는 산천

71 제3회 기출 및 예상 문제

📅 _____월 _____일

객관식 (1~30번)

👍 [ ] 안의 한자와 음(소리)이 같은 한자는?

1. [犬]　①去　②太　③式　④見
2. [根]　①近　②重　③和　④親
3. [苦]　①英　②高　③度　④功
4. [科]　①理　②步　③部　④果
5. [冬]　①米　②速　③童　④言

👍 [ ] 안의 한자와 뜻이 반대(상대)되는 한자는?

6. [强]　①原　②弱　③陽　④愛
7. [畫]　①勝　②服　③聞　④夜

👍 [ ] 안의 한자와 뜻이 비슷한 한자는?

8. [海]　①洋　②發　③書　④消
9. [共]　①意　②魚　③新　④同
10. [章]　①神　②文　③習　④半

👍 보기 의 단어들과 관련이 깊은 한자는?

11. 보기　카라　민들레　해바라기
　　　①番　②花　③無　④李

12. 보기　환기　유리　문
　　　①刀　②京　③禮　④窓

13. 보기　콩기름　들기름　참기름
　　　①短　②郡　③油　④竹

👍 다음 설명이 뜻하는 한자어는?

14. 한 가족이 생활하는 집
　　①背景　②家庭　③環境　④收入

15. 다른 학교로 옮김.
　　①障碍　②役割　③勤勉　④轉學

16. 여럿을 몰아서 하나로 만듦.
　　①統一　②情報　③公演　④建國

17. 여러 사람이 모여서 이루어진 집단
　　①投資　②公共　③團體　④計算

18. 어떤 일을 서로 양보하여 협의함.
　　①分數　②妥協　③討議　④地層

👍 한자로 표기된 단어의 독음(소리)이 바른 것은?

19. 선생님께 面談을 요청하였습니다.
　　①회담　②상담　③면담　④간식

20. 社會가 변화하면 새로운 직업이 생깁니다.
　　①국가　②지역　③사회　④단체

21. 전기 회로를 이용해 導體를 구분하였습니다.
　　①지름　②도로　③물체　④도체

22. 과일과 채소를 區分하였습니다.
　　①분리　②구역　③구분　④처리

23. 나라마다 自然 환경, 자원이 다릅니다.
　　①자연　②자국　③무역　④생활

👍 ( ) 안에 들어갈 한자어로 알맞은 것은?

24. (　)를 들어 자신의 의견을 제시합니다.
　　①根據　②尖端　③便紙　④快適

25. '추석'하면 '송편'이 (　)됩니다.
　　①尊重　②聯想　③協同　④端正

26. 공공 기관의 (　)로 시청, 교육청 등이 있습니다.
　　①約束　②態度　③種類　④戰爭

27. 미세 먼지가 (　)치를 넘어섰습니다.
① 超過　② 微笑　③ 比較　④ 基準

28. 국민은 (　)을 납부할 의무가 있습니다.
① 解決　② 衛星　③ 稅金　④ 確率

29. 제주도로 (　)을 떠났습니다.
① 選擇　② 旅行　③ 時調　④ 歷史

30. 올해 자동차 (　)이 크게 증가하였습니다.
① 輸出　② 餘暇　③ 俗談　④ 分類

주관식 (31~100번)

👉 한자의 훈(뜻)과 음(소리)을 한글로 쓰시오.

31. 各 (　　)　32. 命 (　　)
33. 朴 (　　)　34. 綠 (　　)
35. 界 (　　)　36. 省 (　　)
37. 席 (　　)　38. 飮 (　　)
39. 孫 (　　)　40. 開 (　　)
41. 昨 (　　)　42. 美 (　　)
43. 利 (　　)　44. 弱 (　　)
45. 計 (　　)

👉 □ 안에 공통으로 들어갈 한자를 보기 에서 찾아 쓰시오.

보기　反　詩　形　運　業

46. 幸□　不□　氣□　(　　)
47. □對　□感　□問　(　　)
48. □便　□成　圖□　(　　)

👉 [가로 열쇠]와 [세로 열쇠]를 읽고, 빈칸에 공통으로 들어갈 한자를 쓰시오.

49.
多		
	세로열쇠	많이 읽음.
者	가로열쇠	글을 읽는 사람

50.
性	세로열쇠	갑자기 죽음.
死	가로열쇠	증세가 갑자기 나타나고 빠르게 진행되는 성질

51.
會	세로열쇠	이야기의 첫머리
頭	가로열쇠	서로 만나서 이야기를 나눔.

👉 한자어의 독음을 한글로 쓰시오.

52. 音樂 (　　)　53. 交友 (　　)
54. 等號 (　　)　55. 表示 (　　)
56. 元首 (　　)　57. 秋夕 (　　)
58. 信用 (　　)　59. 失明 (　　)
60. 貝物 (　　)　61. 光線 (　　)
62. 銀行 (　　)　63. 放學 (　　)
64. 林野 (　　)　65. 風車 (　　)
66. 品位 (　　)

👉 글을 읽고 밑줄 친 부분의 뜻을 가진 한자를 보기 에서 찾아 쓰시오.

67)여름 **68)**장이란 애시당초에 글러서, 해는 아직 중천에 있건만 장판은 벌써 쓸쓸하고 더운 햇발이 벌여 놓은 전 휘장 밑으로 등줄기를 훅훅 볶는다. **69)**마을 사람들은 거의 돌아간 뒤요, 팔리지 못한 **70)**나무꾼패가 **71)**길거리에 궁싯거리고들 있으나, 석유병이나 받고 **72)**고깃마리나 사면 족할 이 축들을 바라고 언제까지든지 버티고 있을 법은 **73)**없다.

　　　　　- 이효석, 『메밀 꽃 필 무렵』 중에서

보기　村　才　路　無　場　肉　春　樹　夏

67. _____　68. _____　69. _____
70. _____　71. _____　72. _____
73. _____

한자로 표기된 단어의 독음을 쓰시오.

74. 토론에 積極的인 태도로 참여하였습니다.
( )

75. 汚染된 옷을 깨끗이 빨았습니다.
( )

76. 소설을 읽은 뒤 많은 餘韻이 남았습니다.
( )

77. 나는 새로운 학교에 빠르게 適應하였습니다.
( )

78. 그는 전통 樂器를 연주하였습니다.
( )

79. 대기 오염으로 生態系가 파괴되었습니다.
( )

80. 地震이 나서 사람들이 대피하였습니다.
( )

81. 차들이 秩序 정연하게 움직였습니다.
( )

82. 백두산의 모습을 글로 描寫하였습니다.
( )

83. 參政權은 국민이 정치에 참여할 수 있는 권리입니다.
( )

( ) 안의 단어를 한자로 쓰시오.

84. 한 청년이 (용기) 있는 행동으로 아이를 구하였습니다. ( )

85. 공연이 (시작)하였습니다. ( )

86. 두 사람은 (영원)한 사랑을 약속하였습니다. ( )

87. 형과 나는 (신장) 차가 많이 납니다. ( )

88. 올해 (가족) 여행을 갑니다. ( )

문장에서 잘못 쓴 한자를 바르게 고쳐 쓰시오. (단, 음이 같은 한자로 고칠 것)

89. 목격자는 사건 堂時의 상황을 자세히 진술하였습니다. (→)

90. 소설의 第目을 지었습니다. (→)

훈음에 맞는 한자를 쓰시오.

91. 뒤 후 ( ) 92. 피 혈 ( )
93. 밭 전 ( ) 94. 왼 좌 ( )
95. 몸 체 ( ) 96. 누를 황 ( )
97. 합할 합 ( ) 98. 맑을 청 ( )

보기 의 내용에 맞게 □ 안에 적당한 한자를 넣어 한자성어를 완성하시오.

99. 九牛一□ ( )

보기
'아홉 마리의 소 가운데 박힌 하나의 털'이라는 뜻으로, 매우 많은 것 가운데 극히 적은 수를 이르는 말

100. 門前成□ ( )

보기
찾아오는 사람이 많아 집 문 앞이 시장을 이루다시피 함을 이르는 말

72 제4회 기출 및 예상 문제

객관식 (1~30번)

👍 [ ] 안의 한자와 음(소리)이 같은 한자는?

1. [樹] ① 讀 ② 綠 ③ 郡 ④ 首
2. [話] ① 消 ② 和 ③ 野 ④ 言
3. [題] ① 第 ② 便 ③ 會 ④ 夏
4. [詩] ① 黃 ② 示 ③ 品 ④ 友
5. [藥] ① 親 ② 等 ③ 弱 ④ 頭

👍 [ ] 안의 한자의 뜻으로 알맞은 것은?

6. [形] ① 빛 ② 모양 ③ 오얏 ④ 겨울
7. [風] ① 털 ② 바람 ③ 과실 ④ 차례
8. [步] ① 줄 ② 칼 ③ 걸음 ④ 아이

👍 [ ] 안의 한자와 뜻이 비슷한 한자는?

9. [路] ① 部 ② 計 ③ 道 ④ 去
10. [堂] ① 朴 ② 室 ③ 省 ④ 理

👍 [ ] 안의 한자와 뜻이 반대(상대)되는 한자는?

11. [死] ① 當 ② 高 ③ 利 ④ 活
12. [始] ① 明 ② 末 ③ 放 ④ 聞

👍 보기 의 단어들과 관련이 깊은 한자는?

13. 보기: 통증 환자 치료
    ① 病 ② 服 ③ 美 ④ 族

14. 보기: 첫째 근본 최고
    ① 失 ② 永 ③ 元 ④ 音

15. 보기: 귀고리 메달 광택
    ① 竹 ② 銀 ③ 昨 ④ 洋

👍 [ ] 안의 한자어의 독음(소리)으로 알맞은 것은?

16. [角度] ① 교통 ② 각도 ③ 태도 ④ 이해
17. [原因] ① 원인 ② 원대 ③ 근원 ④ 근대
18. [傳統] ① 계통 ② 전수 ③ 전통 ④ 전례
19. [經驗] ① 경제 ② 경험 ③ 시험 ④ 체험
20. [結果] ① 결론 ② 결의 ③ 결실 ④ 결과

👍 [ ] 안의 한자어의 뜻으로 알맞은 것은?

21. [自由]
    ① 돈을 모아 둠.
    ② 지구 전체를 한 마을처럼 여겨 이르는 말
    ③ 국내의 상품이나 기술을 외국으로 팔아 내보냄.
    ④ 무엇에 얽매이지 아니하고 자기 마음대로 할 수 있는 상태

22. [博覽會]
    ① 소리 없이 빙긋이 웃음.
    ② 창의성을 띠거나 가진 것
    ③ 몸가짐을 공손히 하고 존경함.
    ④ 온갖 물품을 모아 벌여 놓고 판매, 선전, 우열 심사를 하는 전람회

23. [巖石]
    ① 관광하러 다니는 사람
    ② 기분이 상쾌하고 즐거움.
    ③ 물이 있는 곳을 제외한 지구의 겉면
    ④ 지구 바깥쪽을 구성하는 단단한 물질

24. [固有語]
    ① 세상에 널리 알림.
    ② 해당 언어에 본디부터 있던 말
    ③ 여러 사람이 다 같이 지키기로 작정한 법칙
    ④ 일정한 기준에 따라 전체를 몇 개로 갈라 나눔.

25. [宇宙]

① 더럽게 물듦.
② 국가와 국가 사이의 병력에 의한 싸움
③ 국민이 국정에 직·간접으로 참여하는 권리
④ 무한한 시간과 만물을 포함한 끝없는 공간의 총체

👉 ( ) 안에 들어갈 한자어로 알맞은 것은?

26. 컴퓨터로 날씨 ( )를 찾아보았습니다.
　　① 投票　② 情報　③ 協同　④ 統一

27. ( )에서 색깔과 두께가 다른 줄무늬들을 볼 수 있습니다.
　　① 地層　② 種類　③ 以上　④ 比率

28. ( )단에서 소프라노 단원을 모집합니다.
　　① 文脈　② 分布　③ 想像　④ 合唱

29. 군대에 있는 오빠에게 ( )를 썼습니다.
　　① 稅金　② 旅行　③ 便紙　④ 轉學

30. 잎이 넓은 오동나무는 ( )입니다.
　　① 政治　② 氣溫　③ 規則　④ 闊葉樹

주관식 (31~100번)

👉 한자의 훈(뜻)과 음(소리)을 한글로 쓰시오.

31. 用 (　　　)　32. 遠 (　　　)
33. 孫 (　　　)　34. 多 (　　　)
35. 植 (　　　)　36. 近 (　　　)
37. 京 (　　　)　38. 位 (　　　)
39. 强 (　　　)　40. 電 (　　　)

👉 훈음에 맞는 한자를 보기 에서 찾아 쓰시오.

보기 : 在 窓 村 韓 席 淸 對 重 祖 姓

41. 창문　창 (　　)　42. 맑을　청 (　　)
43. 대답할 대 (　　)　44. 할아비 조 (　　)
45. 무거울 중 (　　)　46. 자리　석 (　　)
47. 나라이름 한 (　　)　48. 마을　촌 (　　)
49. 성씨　성 (　　)　50. 있을　재 (　　)

👉 한자어의 독음을 한글로 쓰시오.

51. 文章 (　　)　52. 直後 (　　)
53. 業體 (　　)　54. 太陽 (　　)
55. 春秋 (　　)　56. 血書 (　　)
57. 成功 (　　)　58. 世界 (　　)
59. 愛犬 (　　)　60. 晝夜 (　　)
61. 勇士 (　　)　62. 幸運 (　　)
63. 新式 (　　)　64. 勝者 (　　)
65. 根性 (　　)　66. 意圖 (　　)
67. 短命 (　　)　68. 發表 (　　)
69. 朝夕 (　　)　70. 開花 (　　)

👉 [가로 열쇠]와 [세로 열쇠]를 읽고, 빈칸에 공통으로 들어갈 한자를 쓰시오.

71.
無	세로 열쇠	예의와 법도
度	가로 열쇠	태도나 말에 예의가 없음.

72.
同	세로 열쇠	같은 생각을 가짐. 또는 그 생각
交	가로 열쇠	서로 접촉하여 따라 움직이는 느낌

73.
米	세로 열쇠	마실 수 있는 물
水	가로 열쇠	쌀에 물을 충분히 붓고 푹 끓여 체에 걸러 낸 걸쭉한 음식

👉 □ 안에 공통으로 들어갈 한자를 보기 에서 찾아 쓰시오.

보기　　油　學　通　魚　休

74. 文□　□貝　□肉　　（　　　）
75. 原□　□田　石□　　（　　　）
76. □信　□行　共□　　（　　　）

👉 문장에서 잘못 쓴 한자를 바르게 고쳐 쓰시오. (단, 음이 같은 한자로 고칠 것)

77. 아버지가 어머니 代神 운전을 하였습니다.
　　　　　　　　　（　　→　　）

78. 3학년이 된 지 反年이 되었습니다.
　　　　　　　　　（　　→　　）

👉 ( ) 안의 단어를 한자로 쓰시오.

79. 수학 (교과)를 좋아합니다. （　　　）
80. 전염병이 (급속)히 번졌습니다.
　　　　　　　　　　　　　（　　　）
81. 소설을 (습작)하였습니다. （　　　）
82. (영재)를 발굴하였습니다. （　　　）
83. 물놀이 할 때는 안전사고를 (각별)히 주의해야 합니다.　　　　　　（　　　）

👉 한자로 표기된 단어의 독음을 쓰시오.

84. 외국인이 많이 쓰는 慣用 表現을 배웠습니다.　　　　　　　　　　（　　　）
85. 소풍 가서 團體 사진을 찍었습니다.
　　　　　　　　　　　　　（　　　）
86. 민영이는 학습 態度가 좋습니다.
　　　　　　　　　　　　　（　　　）
87. 우리나라의 降水量은 계절에 따라 차이가 큽니다.　　　　　　　　（　　　）

88. 학급의 문제점을 討議하였습니다.
　　　　　　　　　　　　　（　　　）
89. 통신 障碍로 전화가 먹통입니다.
　　　　　　　　　　　　　（　　　）
90. 입법부·행정부·司法府가 힘의 균형을 이루어야 나라가 안정됩니다. （　　　）
91. 여름 방학 때 獨立기념관을 탐방하였습니다.　　　　　　　　　　（　　　）
92. 각자 자신이 맡은 役割을 소개하였습니다.　　　　　　　　　　　（　　　）
93. 정부는 尖端 산업을 집중 지원하였습니다.　　　　　　　　　　　（　　　）
94. 極微細 기술에 대한 자료를 조사하였습니다.　　　　　　　　　　（　　　）
95. 오늘은 대통령 選擧일입니다.
　　　　　　　　　　　　　（　　　）
96. 에너지 절약을 실천하며 環境을 보호합시다.　　　　　　　　　　（　　　）
97. 陸地와 바다에 사는 생물은 다릅니다.
　　　　　　　　　　　　　（　　　）
98. 수컷 개구리의 울음소리는 암컷을 유혹하기 위한 求愛 行動입니다. （　　　）

👉 보기 의 내용에 맞게 □ 안에 적당한 한자를 넣어 한자성어를 완성하시오.

99. □物生心　　　　　　（　　　）

보기　어떠한 실물을 보게 되면
　　　그것을 가지고 싶은 욕심이 생김.

100. 同□同□　　　　　（　　,　　）

보기　괴로움도 즐거움도 함께함.

73 제5회 기출 및 예상 문제

📅 _____월 _____일

객관식 (1~30번)

👍 [ ] 안의 한자와 음(소리)이 같은 한자는?

1. [米] ① 失 ② 美 ③ 竹 ④ 共
2. [理] ① 李 ② 各 ③ 海 ④ 歌
3. [刀] ① 士 ② 別 ③ 力 ④ 度
4. [明] ① 昨 ② 夜 ③ 命 ④ 勝
5. [高] ① 等 ② 急 ③ 禮 ④ 苦

👍 [ ] 안의 한자와 뜻이 반대(상대)되는 한자는?

6. [夏] ① 冬 ② 魚 ③ 陽 ④ 樂
7. [多] ① 交 ② 少 ③ 藥 ④ 運

👍 [ ] 안의 한자와 뜻이 비슷한 한자는?

8. [便] ① 感 ② 界 ③ 安 ④ 成
9. [物] ① 新 ② 書 ③ 原 ④ 品
10. [式] ① 勇 ② 度 ③ 綠 ④ 速

👍 보기 의 단어들과 관련이 깊은 한자는?

11. 보기   사과   포도   귤
    ① 話   ② 信   ③ 言   ④ 果

12. 보기   글자   소설   작가
    ① 章   ② 示   ③ 習   ④ 英

13. 보기   솜씨   능력   슬기
    ① 功   ② 題   ③ 野   ④ 才

👍 다음 설명이 뜻하는 한자어는?

14. 일정한 기준보다 더 많거나 나음.
    ① 俗談 ② 比較 ③ 自然 ④ 以上

15. 일이 없어 남는 시간
    ① 對應 ② 分類 ③ 餘暇 ④ 權利

16. 인간 사회가 거쳐 온 변천의 모습
    ① 歷史 ② 面談 ③ 基準 ④ 團體

17. 하나의 관념이 다른 관념을 불러일으키는 현상
    ① 單位 ② 想像 ③ 聯想 ④ 根據

18. 음악을 연주하는 데 쓰는 기구
    ① 說得 ② 樂器 ③ 導體 ④ 衛星

👍 한자로 표기된 단어의 독음(소리)이 바른 것은?

19. 文化財 발굴 작업이 시작되었습니다.
    ① 문지기 ② 문구점 ③ 문화인 ④ 문화재

20. 그는 매사에 消極的입니다.
    ① 부정적 ② 소극적 ③ 적극적 ④ 긍정적

21. 매달 용돈의 절반을 貯金하였습니다.
    ① 지출 ② 기부 ③ 저금 ④ 선물

22. 내일 가장 친한 친구가 轉學을 갑니다.
    ① 전학 ② 견학 ③ 유학 ④ 과학

23. 標準語를 국어사전에서 찾아보았습니다.
    ① 중국어 ② 한자어 ③ 표준어 ④ 외국어

👍 ( ) 안에 들어갈 한자어로 알맞은 것은?

24. 학교 졸업 후 ( )에 진출하였습니다.
    ① 工程 ② 加熱 ③ 社會 ④ 經濟

25. ( )에서 외항의 곱과 내항의 곱은 같습니다.
    ① 比例式 ② 季節 ③ 計算 ④ 公演

26. ( )는 대법원과 각급 법원으로 조직됩니다.
    ① 司法府 ② 快適 ③ 經驗 ④ 家庭

27. 노을을 ( )으로 사진을 찍었습니다.
    ① 環境 ② 背景 ③ 極微細 ④ 博覽會

28. 분모가 같은 (　)의 합을 계산하였습니다.
　　① 巖石　② 地震　③ 端正　④ 分數

29. 지구 온난화로 (　)의 변화가 일어났습니다.
　　① 便紙　② 討議　③ 生態系　④ 半導體

30. 내 몸에 건강한 음식을 (　)하여 먹었습니다.
　　① 選擇　② 情報　③ 宇宙　④ 輸出

주관식 (31~100번)

👉 한자의 훈(뜻)과 음(소리)을 한글로 쓰시오.

31. 族 (　　)　32. 秋 (　　)
33. 表 (　　)　34. 太 (　　)
35. 黃 (　　)　36. 幸 (　　)
37. 體 (　　)　38. 消 (　　)
39. 意 (　　)　40. 服 (　　)
41. 窓 (　　)　42. 病 (　　)
43. 朴 (　　)　44. 貝 (　　)
45. 半 (　　)

👉 □ 안에 공통으로 들어갈 한자를 보기 에서 찾아 쓰시오.

보기: 林 開 根 問 村

46. □性　草□　□本　(　　)
47. □學　□放　□始　(　　)
48. 農□　江□　□里　(　　)

👉 [가로 열쇠]와 [세로 열쇠]를 읽고, 빈칸에 공통으로 들어갈 한자를 쓰시오.

49. 直 / 午
　　세로열쇠: 어떤 일이 있고 난 바로 다음
　　가로열쇠: 정오부터 밤 열두 시까지

50. 部 / 巾
　　세로열쇠: 머리에 쓰는 물건
　　가로열쇠: 머리가 되는 부분

51. 友 / 犬
　　세로열쇠: 개를 귀여워함. 또는 그 개
　　가로열쇠: 형제간 또는 친구 간의 사랑

👉 한자어의 독음을 한글로 쓰시오.

52. 短身 (　　)　53. 童詩 (　　)
54. 對答 (　　)　55. 工業 (　　)
56. 科目 (　　)　57. 弱者 (　　)
58. 淸風 (　　)　59. 油田 (　　)
60. 永遠 (　　)　61. 空席 (　　)
62. 晝間 (　　)　63. 步道 (　　)
64. 銀行 (　　)　65. 植樹 (　　)
66. 朝會 (　　)

👉 글을 읽고 밑줄 친 부분의 뜻을 가진 한자를 보기 에서 찾아 쓰시오.

67)읍네서 시집오면 읍네댁
청주서 시집오면 청주댁
68)서울서 시집오면 서울댁

69)집집마다 재밌게 붙는 70)이름

동네 중 71)제일로 72)가까운 건
한동네서 잔치 지낸 한말댁

동네 중 제일 먼 건 북간도댁
해방 통에 못 73)살고 되왔지요.
　　　　　　- 권태응,「재밌는 집 이름」

보기: 遠 邑 京 第 堂 活 號 近 野

67. _____　68. _____　69. _____
70. _____　71. _____　72. _____
73. _____

한자로 표기된 단어의 독음을 쓰시오.

74. 미래를 위한 投資 목표를 세웠습니다.
( )

75. 식물원에서 闊葉樹를 많이 보았습니다.
( )

76. 층간 소음 문제를 解決하였습니다.
( )

77. 여행을 하며 오래된 地層을 보았습니다.
( )

78. 노동자와 사용자 간의 극적 妥協이 이루어졌습니다. ( )

79. 수강 허용 인원을 超過하였습니다.
( )

80. 인간 尊重의 가치를 실현하였습니다.
( )

81. 地球村은 올림픽으로 하나 되었습니다.
( )

82. 時調 한 수를 읊었습니다. ( )

83. 가족 旅行을 계획하였습니다.
( )

( ) 안의 단어를 한자로 쓰시오.

84. 잘못된 행동을 (반성)하였습니다.
( )

85. 부모님께 받은 (혈육)을 소중히 여겼습니다.
( )

86. 두 나라의 국가 (원수)가 모여 회담을 열었습니다. ( )

87. 할아버지는 어린 (손자)를 데리고 산책을 하였습니다. ( )

88. 휴게실을 (이용)하였습니다.
( )

문장에서 잘못 쓴 한자를 바르게 고쳐 쓰시오. (단, 음이 같은 한자로 고칠 것)

89. 中大한 임무를 부여받았습니다.
(→)

90. 無先 청소기를 장만하였습니다.
(→)

훈음에 맞는 한자를 쓰시오.

91. 필 발( ) 92. 털 모( )
93. 죽을 사( ) 94. 그림 도( )
95. 들을 문( ) 96. 마땅할 당( )
97. 길 로( ) 98. 통할 통( )

보기 의 내용에 맞게 □ 안에 적당한 한자를 넣어 한자성어를 완성하시오.

99. □朝月夕 ( )

> 보기
> '꽃이 핀 아침과 달 밝은 저녁'이라는 뜻으로, 경치가 좋은 시절을 이르는 말

100. 人命□天 ( )

> 보기
> '사람의 목숨은 하늘에 달려 있다'는 뜻으로, 목숨의 길고 짧음은 사람의 힘으로 어쩔 수 없음을 이르는 말

74 제6회 기출 및 예상 문제

📅 ____월 ____일

객관식 (1~30번)

👍 [ ] 안의 한자와 음(소리)이 같은 한자는?

1. [始] ① 線 ② 詩 ③ 肉 ④ 朴
2. [永] ① 英 ② 無 ③ 末 ④ 音
3. [功] ① 記 ② 洞 ③ 和 ④ 共
4. [原] ① 勝 ② 每 ③ 元 ④ 貝
5. [在] ① 毛 ② 重 ③ 不 ④ 才

👍 [ ] 안의 한자의 뜻으로 알맞은 것은?

6. [形] ① 함께 ② 모양 ③ 옷 ④ 고을
7. [首] ① 머리 ② 놓다 ③ 글자 ④ 마을
8. [後] ① 위 ② 앞 ③ 뒤 ④ 아래

👍 [ ] 안의 한자와 뜻이 비슷한 한자는?

9. [號] ① 名 ② 孫 ③ 席 ④ 番
10. [光] ① 信 ② 愛 ③ 色 ④ 半

👍 [ ] 안의 한자와 뜻이 반대(상대)되는 한자는?

11. [本] ① 野 ② 式 ③ 末 ④ 第
12. [死] ① 章 ② 生 ③ 花 ④ 淸

👍 보기 의 단어들과 관련이 깊은 한자는?

13. 보기: 수학 과학 사회
    ① 朝 ② 直 ③ 畫 ④ 科

14. 보기: 소나무 벚나무 은행나무
    ① 友 ② 樹 ③ 銀 ④ 油

15. 보기: 어린이 동화 동요
    ① 童 ② 春 ③ 品 ④ 田

👍 [ ] 안의 한자어의 독음(소리)으로 알맞은 것은?

16. [建國] ① 타국 ② 건국 ③ 자국 ④ 외국
17. [餘韻] ① 여운 ② 여가 ③ 경우 ④ 시운
18. [印象] ① 상상 ② 인상 ③ 연상 ④ 추상
19. [公共] ① 가공 ② 제공 ③ 공연 ④ 공공
20. [勤勉] ① 근면 ② 노력 ③ 공부 ④ 이면

👍 [ ] 안의 한자어의 뜻으로 알맞은 것은?

21. [結果]
    ① 해당 언어에 본디부터 있던 말
    ② 어떤 원인 때문에 이루어진 결말
    ③ 모나지 아니하고 부드럽게 굽은 선
    ④ 규칙적으로 되풀이되는 자연 현상에 따라서 일 년을 구분한 것

22. [種類]
    ① 공기의 온도
    ② 사물의 부문을 나누는 갈래
    ③ 일이 진척되는 과정이나 정도
    ④ 일정한 조직이나 집단이 대표자나 임원을 뽑는 일

23. [積極的]
    ① 그러하다고 생각하여 옳다고 인정함.
    ② 다른 수나 양에 대한 어떤 수나 양의 비
    ③ 여러 사람이 목소리를 맞추어 노래를 부름.
    ④ 대상에 대한 태도가 긍정적이고 능동적인 것

24. [投票]
    ① 여럿을 몰아서 하나로 만듦.
    ② 글월에 표현된 의미의 앞뒤 연결
    ③ 몸의 동작이나 몸을 가누는 모양새
    ④ 투표용지에 의사를 표시하여 일정한 곳에 내는 일

25. [秩序]
① 서로 마음과 힘을 하나로 합함.
② 잎이 바늘처럼 가늘고 뾰족한 나무의 종류
③ 태양과 그것을 중심으로 공전하는 천체의 집합
④ 혼란 없이 순조롭게 이루어지게 하는 사물의 순서나 차례

◆ ( ) 안에 들어갈 한자어로 알맞은 것은?

26. (　　)는 국가의 권력을 획득하고 유지하며 행사하는 활동입니다.
① 獨立　② 政治　③ 背景　④ 加熱

27. 열대 지역에 (　　)해 있는 야생화를 조사하였습니다.
① 稅金　② 役割　③ 分數　④ 分布

28. 이번 달 과일 판매(　　)이 크게 늘었습니다.
① 收入　② 約束　③ 描寫　④ 原因

29. 응급 현장에 신속한 (　　)이 필요합니다.
① 陸地　② 障碍　③ 傳統　④ 對應

30. 우리는 의견을 (　　)롭게 발표하였습니다.
① 尖端　② 縮尺　③ 自由　④ 尊重

주관식 (31~100번)

◆ 한자의 훈(뜻)과 음(소리)을 한글로 쓰시오.

31. 步 (　　)　32. 者 (　　)
33. 部 (　　)　34. 孝 (　　)
35. 禮 (　　)　36. 急 (　　)
37. 度 (　　)　38. 根 (　　)
39. 全 (　　)　40. 綠 (　　)

◆ 훈음에 맞는 한자를 보기에서 찾아 쓰시오.

보기: 等 世 對 刀 親 夏 玉 短 所 場

41. 여름 하 (　　)　42. 칼 도 (　　)
43. 친할 친 (　　)　44. 짧을 단 (　　)
45. 무리 등 (　　)　46. 바 소 (　　)
47. 세상 세 (　　)　48. 구슬 옥 (　　)
49. 마당 장 (　　)　50. 대답할 대 (　　)

◆ 한자어의 독음을 한글로 쓰시오.

51. 冬服 (　　)　52. 洋藥 (　　)
53. 米飮 (　　)　54. 話頭 (　　)
55. 讀書 (　　)　56. 便安 (　　)
57. 不幸 (　　)　58. 速行 (　　)
59. 家族 (　　)　60. 病弱 (　　)
61. 身體 (　　)　62. 昨今 (　　)
63. 圖表 (　　)　64. 堂室 (　　)
65. 消失 (　　)　66. 反省 (　　)
67. 見習 (　　)　68. 作別 (　　)
69. 意向 (　　)　70. 明示 (　　)

◆ [가로 열쇠]와 [세로 열쇠]를 읽고, 빈칸에 공통으로 들어갈 한자를 쓰시오.

71.
| 人 | 세로 열쇠 | 사람의 목숨 |
| 題 | 가로 열쇠 | 글에 제목을 정함. |

72.
| 風 | 세로 열쇠 | 그럴듯하게 내세운 명목(명칭) |
| 名 | 가로 열쇠 | 아름다운 풍속 |

73.
| 遠 | 세로 열쇠 | 멀고 가까움. |
| 代 | 가로 열쇠 | 가까운 시대 |

□ 안에 공통으로 들어갈 한자를 보기 에서 찾아 쓰시오.

보기: 犬 界 休 活 地

74. 業□ 世□ 各□ ( )
75. □馬 軍□ 黃□ ( )
76. 生□ □用 □路 ( )

문장에서 잘못 쓴 한자를 바르게 고쳐 쓰시오. (단, 음이 같은 한자로 고칠 것)

77. 新問에 광고를 냈습니다.
(→)

78. 그는 감성보다 利性이 발달한 사람입니다.
(→)

( ) 안의 단어를 한자로 쓰시오.

79. (차창) 밖에 눈이 내립니다.
( )
80. (추야)에 달이 밝습니다. ( )
81. 생일에 (장어)를 먹었습니다.
( )
82. 사건에 대해 (용기) 있게 증언하였습니다.
( )
83. (언어)는 시대에 따라 변합니다.
( )

한자로 표기된 단어의 독음을 쓰시오.

84. 현재 상황을 여러 角度로 분석하였습니다.
( )
85. 우리 家庭에 새 식구가 들어왔습니다.
( )
86. 부모님과 꽃 博覽會에 다녀왔습니다.
( )
87. 오늘 수학 시간에 比例式을 배웠습니다.
( )

88. 어머니를 說得해 강아지를 키우기로 하였습니다. ( )
89. 강당에는 무용 公演이 한창입니다.
( )
90. '기차'로 聯想되는 단어를 말해 봅니다.
( )
91. 이사 후 새로운 환경에 잘 適應하였습니다.
( )
92. 올해 국내 觀光客이 증가하였습니다.
( )
93. 그는 創意的인 아이디어가 많습니다.
( )
94. 아버지는 선생님과 面談을 하였습니다.
( )
95. 학교에 根據 없는 소문이 퍼졌습니다.
( )
96. 집에서 학교까지의 왕복 시간을 計算해 보았습니다. ( )
97. 만 원 單位로 돈을 세 보았습니다.
( )
98. 쌀을 세계로 輸出하고 있습니다.
( )

보기 의 내용에 맞게 □ 안에 적당한 한자를 넣어 한자성어를 완성하시오.

99. 自 手 □ 家 ( )

보기: 물려받은 재산이 없이 자기 혼자의 힘으로 집안을 일으키고 재산을 모음.

100. 百 □ 百 中 ( )

보기: '백 번 쏘아 백 번 맞힌다'는 뜻으로, 총이나 활을 쏠 때마다 겨눈 곳에 다 맞음. 또는 무슨 일이나 틀림없이 잘 들어맞음.

75 제7회 기출 및 예상 문제

객관식 (1~30번)

👍 [ ] 안의 한자와 음(소리)이 같은 한자는?

1. [第] ①題 ②冬 ③路 ④孫
2. [信] ①式 ②分 ③神 ④飮
3. [利] ①運 ②洋 ③命 ④李
4. [昨] ①夜 ②面 ③作 ④半
5. [漢] ①者 ②韓 ③油 ④事

👍 [ ] 안의 한자와 뜻이 반대(상대)되는 한자는?

6. [長] ①美 ②發 ③短 ④別
7. [有] ①速 ②米 ③示 ④無

👍 [ ] 안의 한자와 뜻이 비슷한 한자는?

8. [對] ①勝 ②答 ③席 ④遠
9. [根] ①服 ②書 ③元 ④本
10. [言] ①語 ②弱 ③詩 ④意

👍 보기 의 단어들과 관련이 깊은 한자는?

11. 보기 닭 돼지 소
    ①新 ②習 ③見 ④肉

12. 보기 푸들 진돗개 퍼그
    ①犬 ②藥 ③愛 ④首

13. 보기 형광등 달 태양
    ①各 ②步 ③光 ④堂

👍 다음 설명이 뜻하는 한자어는?

14. 계통을 받아 전함. 또는 이어 받은 계통
    ①導體 ②傳統 ③適應 ④旅行

15. 일정 기간 동안 일정한 곳에 내린 물의 총량
    ①加熱 ②原因 ③角度 ④降水量

16. 스스로 존재하거나 저절로 이루어지는 것
    ①尊重 ②便紙 ③自然 ④分類

17. 부지런히 일하며 힘씀.
    ①勤勉 ②工程 ③經驗 ④轉學

18. 지구 전체를 한 마을처럼 여겨 이르는 말
    ①社會 ②經濟 ③結果 ④地球村

👍 한자로 표기된 단어의 독음(소리)이 바른 것은?

19. 옷이 汚染되어 세탁을 하였습니다.
    ①감염 ②오염 ③잠수 ④가열

20. 두 나라 간 무역 戰爭이 시작되었습니다.
    ①전쟁 ②타협 ③투쟁 ④전산

21. 縮尺이 클수록 자세한 것을 볼 수 있습니다.
    ①가택 ②축척 ③공전 ④수출

22. 두 선수의 기량을 比較해 보았습니다.
    ①측정 ②시험 ③계산 ④비교

23. 樂器 연주에 맞추어 노래를 불렀습니다.
    ①재능 ②무용 ③악기 ④장단

👍 ( ) 안에 들어갈 한자어로 알맞은 것은?

24. 물질을 특성에 따라 ( )하였습니다.
    ①秩序 ②快適 ③區分 ④團體

25. 단어는 ( )에 따라 다양한 의미를 가집니다.
    ①投資 ②文脈 ③合唱 ④建國

26. 10년 뒤 나의 모습을 ( )해 보았습니다.
    ①像想 ②態度 ③肯定 ④參政權

27. ( )에 세 살 버릇 여든까지 간다고 합니다.
    ①權利 ②選擇 ③俗談 ④餘暇

28. 그는 말을 아끼며 (   )인 태도를 취하였습니다.
    ① 曲線   ② 歷史   ③ 司法府   ④ 消極的
29. 이것은 인공(   )에서 본 지구입니다.
    ① 衛星   ② 規則   ③ 地震   ④ 氣溫
30. 그는 늘 웃어른을 (   )합니다.
    ① 基準   ② 公演   ③ 恭敬   ④ 季節

주관식 (31~100번)

👉 한자의 훈(뜻)과 음(소리)을 한글로 쓰시오.

31. 朴 (   )   32. 家 (   )
33. 毛 (   )   34. 綠 (   )
35. 郡 (   )   36. 消 (   )
37. 重 (   )   38. 行 (   )
39. 民 (   )   40. 窓 (   )
41. 讀 (   )   42. 敎 (   )
43. 農 (   )   44. 界 (   )
45. 表 (   )

👉 □ 안에 공통으로 들어갈 한자를 보기 에서 찾아 쓰시오.

보기
章 長 野 邑 等

46. 林□   □山   在□   (   )
47. 文□   圖□   樂□   (   )
48. 高□   □位   □號   (   )

👉 [가로 열쇠]와 [세로 열쇠]를 읽고, 빈칸에 공통으로 들어갈 한자를 쓰시오.

49.
| | 反 | 세로열쇠 | 반대하거나 반항하는 감정 |
| | 體 | 가로열쇠 | 몸으로 어떤 감각을 느낌. |

50.
| | 青 | 세로열쇠 | 푸른 봄 |
| | 秋 | 가로열쇠 | 봄과 가을 |

51.
| | 近 | 세로열쇠 | 가까이하여 친한 사람 |
| | 友 | 가로열쇠 | 사귀어 지내는 사이가 아주 가까움. |

👉 한자어의 독음을 한글로 쓰시오.

52. 魚貝 (   )   53. 直線 (   )
54. 原理 (   )   55. 部族 (   )
56. 禮度 (   )   57. 交通 (   )
58. 面刀 (   )   59. 多幸 (   )
60. 成功 (   )   61. 會計 (   )
62. 果樹 (   )   63. 病苦 (   )
64. 當身 (   )   65. 失性 (   )
66. 英才 (   )

👉 글을 읽고 밑줄 친 부분의 뜻을 가진 한자를 보기 에서 찾아 쓰시오.

나는 점순네 수탉이 노는 67)밭으로 가서 닭을 내려68)놓고 가만히 맥을 보았다. 두 닭은 여전히 얼리어 쌈을 하는데 69)처음에는 아무 보람이 없다. (중략) 한번은 어쩐 70)일인지 용을 쓰고 펄쩍 뛰더니 발톱으로 눈을 하비고 내려오며 면두를 쪼았다. 71)큰 닭도 여기에는 놀랐는지 72)뒤로 멈씰하며 물러난다. 이 기회를 타서 작은 우리 수탉이 또 73)날쌔게 덤벼들어 다시 면두를 쪼니 그제는 감때사나운 그 대강이에서도 피가 흐르지 않을 수 없었다.

– 김유정, 『동백꽃』 중에서

보기
大 始 田 形 勇 業 放 後 便

67. _____   68. _____   69. _____
70. _____   71. _____   72. _____
73. _____

제7회 기출 및 예상 문제

한자로 표기된 단어의 독음을 쓰시오.

74. 친구들과 役割 놀이를 하였습니다.
( )

75. 관광 情報가 담긴 책자를 살펴보았습니다.
( )

76. 여행 중 영국인 家庭에 초대를 받았습니다.
( )

77. '아버지'는 固有語입니다. ( )

78. 천문학자가 아이들에게 太陽系 이야기를 들려주었습니다. ( )

79. 동생의 말을 積極的으로 경청하였습니다.
( )

80. 極微細 먼지는 건강에 악영향을 미칩니다.
( )

81. 독수리는 하늘을 自由롭게 날았습니다.
( )

82. 오늘은 신체와 관련된 慣用 表現을 배웠습니다. ( )

83. 이 영화는 12세 以上 관람이 가능합니다.
( )

( ) 안의 단어를 한자로 쓰시오.

84. 물품을 (거래)하였습니다. ( )

85. 이곳은 남녀 (공용) 화장실입니다.
( )

86. 눈부신 (태양)이 떠올랐습니다.
( )

87. 두 사람은 (화음)을 맞춰 노래를 불렀습니다.
( )

88. (청명)한 하늘을 바라보았습니다.
( )

문장에서 잘못 쓴 한자를 바르게 고쳐 쓰시오. (단, 음이 같은 한자로 고칠 것)

89. 山寸에서 아름다운 자연을 느꼈습니다.
(→)

90. 童花책을 읽고 감상문을 썼습니다.
(→)

훈음에 맞는 한자를 쓰시오.

91. 강할 강 ( )　92. 은　은 ( )
93. 물건 품 ( )　94. 대　죽 ( )
95. 길　영 ( )　96. 낮　주 ( )
97. 서울 경 ( )　98. 살필 성 ( )

보기의 내용에 맞게 □ 안에 적당한 한자를 넣어 한자성어를 완성하시오.

99. 九□一生　( )

> 보기
> '아홉 번 죽을 뻔하다 한 번 살아난다'는 뜻으로, 죽을 고비를 여러 차례 넘기고 겨우 살아남.

100. 人山人□　( )

> 보기
> '사람이 산을 이루고 바다를 이루었다'는 뜻으로, 사람이 수없이 많이 모인 상태를 이르는 말

76 제8회 기출 및 예상 문제

📅 _____월 _____일

객관식 (1~30번)

👍 [ ] 안의 한자와 음(소리)이 같은 한자는?

1. [勇] ①用 ②己 ③幸 ④在
2. [命] ①親 ②竹 ③明 ④郡
3. [反] ①通 ②半 ③銀 ④田
4. [神] ①第 ②里 ③會 ④身
5. [近] ①直 ②黃 ③死 ④根

👍 [ ] 안의 한자의 뜻으로 알맞은 것은?

6. [族] ①몸 ②겨레 ③화목 ④말씀
7. [油] ①표 ②아침 ③기름 ④으뜸
8. [意] ①뜻 ②들 ③가을 ④이름

👍 [ ] 안의 한자와 뜻이 비슷한 한자는?

9. [服] ①洋 ②朴 ③衣 ④運
10. [樹] ①苦 ②遠 ③永 ④木

👍 [ ] 안의 한자와 뜻이 반대(상대)되는 한자는?

11. [後] ①聞 ②步 ③前 ④始
12. [來] ①速 ②去 ③昨 ④示

👍 보기의 단어들과 관련이 깊은 한자는?

13. 보기: 숫자 돈 개수
    ①共 ②急 ③計 ④路

14. 보기: 책 신문 글
    ①童 ②讀 ③度 ④冬

15. 보기: 밥 곡식 미음
    ①李 ②米 ③省 ④畫

👍 [ ] 안의 한자어의 독음(소리)으로 알맞은 것은?

16. [公演] ①공공 ②공연 ③연기 ④공장
17. [廣告] ①광장 ②황토 ③황색 ④광고
18. [社會] ①사회 ②지회 ③사진 ④회사
19. [貯金] ①저축 ②투자 ③저금 ④수금
20. [宇宙] ①주소 ②우주 ③가택 ④우산

👍 [ ] 안의 한자어의 뜻으로 알맞은 것은?

21. [尖端]
    ① 더럽게 물듦.
    ② 일정한 수나 한도 따위를 넘음.
    ③ 시대사조, 학문, 유행 따위의 맨 앞장
    ④ 행성의 인력에 의하여 그 둘레를 도는 천체

22. [權利]
    ① 창의성을 띠거나 가진 것
    ② 돈이나 물품 따위를 거두어들임.
    ③ 어떤 문제에 대하여 검토하고 협의함.
    ④ 어떤 일을 행하거나 타인에 대하여 당연히 요구할 수 있는 힘이나 자격

23. [季節]
    ① 일정한 범위에 흩어져 퍼짐.
    ② 남의 힘을 입지 않고 홀로 섬.
    ③ 어떤 일을 서로 양보하여 협의함.
    ④ 규칙적으로 되풀이되는 자연 현상에 따라서 일 년을 구분한 것

24. [標準語]
    ① 나라를 다스리는 일
    ② 두 개의 비가 같음을 나타내는 식
    ③ 국가와 국가 사이의 병력에 의한 싸움
    ④ 한 나라에서 공용어로 쓰는 규범으로서의 언어

제8회 기출 및 예상 문제

25. [闊葉樹]
   ① 잎이 넓은 나무의 종류
   ② 물에 덮이지 않은 지구의 겉면
   ③ 다른 수나 양에 대한 어떤 수나 양의 비
   ④ 국내의 상품이나 기술을 외국으로 팔아 내보냄.

👉 ( ) 안에 들어갈 한자어로 알맞은 것은?

26. 박물관에서 ( )를 보았습니다.
   ① 面談 ② 分數 ③ 文化財 ④ 投票
27. ( )은 암석이 층층이 쌓여 있는 것입니다.
   ① 縮尺 ② 地層 ③ 時調 ④ 統一
28. 해안선은 바다와 ( )가 맞닿은 선입니다.
   ① 陸地 ② 對應 ③ 障碍 ④ 說得
29. 친구에게 사과 ( )를 썼습니다.
   ① 便紙 ② 自然 ③ 餘暇 ④ 聯想
30. 나는 학급 회장 ( )에 도전할 예정입니다.
   ① 恭敬 ② 根據 ③ 選擧 ④ 餘韻

주관식 (31~100번)

👉 한자의 훈(뜻)과 음(소리)을 한글로 쓰시오.

31. 功 (   ) 32. 對 (   )
33. 短 (   ) 34. 放 (   )
35. 電 (   ) 36. 色 (   )
37. 新 (   ) 38. 交 (   )
39. 飮 (   ) 40. 理 (   )

👉 훈음에 맞는 한자를 보기 에서 찾아 쓰시오.

보기: 樂 重 犬 春 平 淸 有 藥 貝 住

41. 무거울 중 (   ) 42. 평평할 평 (   )
43. 봄 춘 (   ) 44. 조개 패 (   )
45. 살 주 (   ) 46. 즐거울 락 (   )
47. 약 약 (   ) 48. 있을 유 (   )
49. 개 견 (   ) 50. 맑을 청 (   )

👉 한자어의 독음을 한글로 쓰시오.

51. 消失 (   ) 52. 強行 (   )
53. 書頭 (   ) 54. 發見 (   )
55. 別堂 (   ) 56. 友愛 (   )
57. 當番 (   ) 58. 勝利 (   )
59. 圖章 (   ) 60. 科學 (   )
61. 農村 (   ) 62. 各界 (   )
63. 話題 (   ) 64. 西京 (   )
65. 同窓 (   ) 66. 原音 (   )
67. 太平 (   ) 68. 風習 (   )
69. 形便 (   ) 70. 長孫 (   )

👉 [가로 열쇠]와 [세로 열쇠]를 읽고, 빈칸에 공통으로 들어갈 한자를 쓰시오.

71. 魚 / 字
   - 세로 열쇠: 금속에 글자나 기호를 새긴 것
   - 가로 열쇠: 살아 있는 물고기

72. 作 / 性
   - 세로 열쇠: 품격과 성질
   - 가로 열쇠: 만든 물품

73. 夜 / 線
   - 세로 열쇠: 빛의 줄기
   - 가로 열쇠: 어둠 속에서 빛을 냄.

▶ □ 안에 공통으로 들어갈 한자를 보기 에서 찾아 쓰시오.

보기: 才 左 果 草 業

74. 多□　□氣　英□　（　　　）
75. 事□　□者　休□　（　　　）
76. □刀　成□　無花□　（　　　）

▶ 문장에서 잘못 쓴 한자를 바르게 고쳐 쓰시오. (단, 음이 같은 한자로 고칠 것)

77. 형은 내년에 高登學校에 올라갑니다.
　　　　　（　　→　　）
78. 이 옷은 羊母를 섞어서 만든 제품입니다.
　　　　　（　　→　　）

▶ ( ) 안의 단어를 한자로 쓰시오.

79. 사람들이 다양한 (방식)으로 더위를 식혔습니다. （　　　）
80. 그는 당대에 (시문)으로 이름났습니다. （　　　）
81. 그녀는 얼굴이 창백해 늘 (병약)해 보입니다. （　　　）
82. 그들은 (혈육) 관계입니다. （　　　）
83. 동생이 학과 (수석)을 차지하였습니다. （　　　）

▶ 한자로 표기된 단어의 독음을 쓰시오.

84. 오늘은 비 올 確率이 90%입니다. （　　　）
85. 서너 種類의 나물을 비빔밥에 넣었습니다. （　　　）
86. 그 산은 기이한 巖石이 많습니다. （　　　）

87. 줄다리기를 하며 協同의 중요성을 깨달았습니다. （　　　）
88. 매년 성실히 稅金을 납부하였습니다. （　　　）
89. 1990년대 半導體 산업이 발달하였습니다. （　　　）
90. 그는 불우한 環境 속에서도 좌절하지 않았습니다. （　　　）
91. 할머니의 환한 微笑가 아름답습니다. （　　　）
92. 端正한 옷차림을 하고 결혼식에 갔습니다. （　　　）
93. 파괴된 生態系를 복원하였습니다. （　　　）
94. 대전에서 轉學 왔습니다. （　　　）
95. 물을 加熱하였습니다. （　　　）
96. 미국 화폐의 單位는 달러입니다. （　　　）
97. 내일 아침 氣溫이 큰 폭으로 떨어집니다. （　　　）
98. 이 그림은 닭을 세밀하게 描寫한 작품입니다. （　　　）

▶ 보기 의 내용에 맞게 □ 안에 적당한 한자를 넣어 한자성어를 완성하시오.

99. 八方□人　（　　　）

보기: '어느 모로 보나 아름다운 사람'이라는 뜻으로, 여러 방면에 능통한 사람을 비유적으로 이르는 말

100. 男女□少　（　　　）

보기: '남자와 여자, 늙은이와 젊은이'라는 뜻으로, 모든 사람을 이르는 말

제9회 기출 및 예상 문제

📅 _____월 _____일

객관식 (1~30번)

👉 [ ] 안의 한자와 음(소리)이 같은 한자는?

1. [作]   ① 各   ② 聞   ③ 昨   ④ 長
2. [苦]   ① 古   ② 今   ③ 習   ④ 樹
3. [省]   ① 先   ② 成   ③ 當   ④ 植
4. [花]   ① 頭   ② 等   ③ 功   ④ 和
5. [圖]   ① 禮   ② 京   ③ 無   ④ 度

👉 [ ] 안의 한자와 뜻이 상대(반대)되는 한자는?

6. [朝]   ① 夕   ② 光   ③ 孫   ④ 弱
7. [遠]   ① 刀   ② 近   ③ 登   ④ 部

👉 [ ] 안의 한자와 뜻이 비슷한 한자는?

8. [村]   ① 英   ② 里   ③ 地   ④ 身
9. [番]   ① 發   ② 號   ③ 第   ④ 形
10. [在] ① 育   ② 活   ③ 休   ④ 有

👉 보기 의 단어들과 관련이 깊은 한자는?

11. 보기   차가움   뜨거움   경쾌함
    ① 太   ② 感   ③ 反   ④ 別

12. 보기   새   피리   말
    ① 音   ② 貝   ③ 夏   ④ 風

13. 보기   사군자   절개   대숲
    ① 血   ② 言   ③ 竹   ④ 式

👉 다음 설명이 뜻하는 한자어는?

14. 여러 사람이 모여서 이루어진 집단
    ① 役割   ② 像想   ③ 團體   ④ 約束

15. 땅속의 급격한 변화로 땅이 흔들리거나 갈라지는 현상
    ① 地震   ② 區分   ③ 俗談   ④ 工程

16. 뒤쪽의 경치
    ① 建國   ② 背景   ③ 角度   ④ 選擇

17. 잎이 바늘처럼 가늘고 뾰족한 나무의 종류
    ① 勤勉   ② 時調   ③ 計算   ④ 針葉樹

18. 서로 만나서 이야기함.
    ① 曲線   ② 面談   ③ 公共   ④ 博覽會

👉 한자로 표기된 단어의 독음(소리)이 바른 것은?

19. 가위, 클립은 導體입니다.
    ① 신체   ② 별체   ③ 물체   ④ 도체

20. 책을 일정한 기준에 따라 分類하였습니다.
    ① 분류   ② 분리   ③ 분수   ④ 분산

21. 고장난 樂器를 수리하였습니다.
    ① 기계   ② 기구   ③ 악기   ④ 공기

22. 화석을 통해 지구의 歷史를 알 수 있습니다.
    ① 무사   ② 인재   ③ 역사   ④ 신화

23. 동물들은 환경에 適應하며 살아갑니다.
    ① 열중   ② 공부   ③ 적응   ④ 적합

👉 ( ) 안에 들어갈 한자어로 알맞은 것은?

24. 체육 시간에 ( )으로 참여하였습니다.
    ① 轉學   ② 種類   ③ 參政權   ④ 積極的

25. 이웃 간 상호 ( )하는 자세가 필요합니다.
    ① 基準   ② 權利   ③ 尊重   ④ 合唱

26. 학급 ( )을 잘 지킵시다.
    ① 恭敬   ② 規則   ③ 加熱   ④ 廣告

27. 그녀는 엄한 ( )에 태어났습니다.
    ① 家庭   ② 尖端   ③ 根據   ④ 傳統

28. 여기 음식을 (　)롭게 드셔도 좋습니다.
　　① 自由　② 文脈　③ 比較　④ 對應
29. 세계 일주를 하며 다양한 (　)을 하였습니다.
　　① 端正　② 季節　③ 經驗　④ 固有語
30. 그는 질문에 (　)적으로 대답하였습니다.
　　① 肯定　② 稅金　③ 以上　④ 衛星

주관식 (31~100번)

👉 한자의 훈(뜻)과 음(소리)을 한글로 쓰시오.

31. 題 (　　) 　32. 窓 (　　)
33. 來 (　　) 　34. 神 (　　)
35. 後 (　　) 　36. 米 (　　)
37. 消 (　　) 　38. 族 (　　)
39. 朴 (　　) 　40. 冬 (　　)
41. 共 (　　) 　42. 去 (　　)
43. 幸 (　　) 　44. 校 (　　)
45. 勝 (　　)

👉 □ 안에 공통으로 들어갈 한자를 보기 에서 찾아 쓰시오.

보기　　重　道　銀　急　問

46. □速　多□　性□　　(　　　)
47. 體□　所□　□病　　(　　　)
48. □行　金□　□魚　　(　　　)

👉 [가로 열쇠]와 [세로 열쇠]를 읽고, 빈칸에 공통으로 들어갈 한자를 쓰시오.

49. | 信 | 세로열쇠 | 전화로 말을 주고받음. |
　　| 話 | 가로열쇠 | 소식을 전함. |

50. | 新 | 세로열쇠 | 병, 상처를 고치거나 예방하기 위한 물질 |
　　| 品 | 가로열쇠 | 새로 발명한 약 |

51. | 日 | 세로열쇠 | 시작하는 처음 |
　　| 始 | 가로열쇠 | 정월 초하룻날. 설날 |

👉 한자어의 독음을 한글로 쓰시오.

52. 科田 (　　) 　53. 勇氣 (　　)
54. 高原 (　　) 　55. 石油 (　　)
56. 飮用 (　　) 　57. 永年 (　　)
58. 親友 (　　) 　59. 夕陽 (　　)
60. 洋服 (　　) 　61. 黃犬 (　　)
62. 開放 (　　) 　63. 失意 (　　)
64. 童詩 (　　) 　65. 靑綠 (　　)
66. 路線 (　　)

👉 글을 읽고 밑줄 친 부분의 뜻을 가진 한자를 보기 에서 찾아 쓰시오.

여기저기서 단풍잎 같은 슬픈 67)가을이 뚝뚝 떨어진다. 단풍잎 떨어져 나온 68)자리마다 69)봄을 마련해 놓고 나뭇가지 위에 하늘이 펼쳐 있다. (중략) 다시 손바닥을 들여다70)본다. 손금에는 71)맑은 강물이 흐르고, 맑은 강물이 흐르고, 강물 속에는 72)사랑처럼 슬픈 얼굴—73)아름다운 순이의 얼굴이 어린다.
　　　　　　　　　　　　- 윤동주, 「소년」 중에서

보기　秋　淸　美　貝　愛　席　見　春　樂

67. _____　68. _____　69. _____
70. _____　71. _____　72. _____
73. _____

한자로 표기된 단어의 독음을 쓰시오.

74. 나의 꿈은 宇宙 비행사가 되는 것입니다.
(   )

75. 돼지 貯金통을 깼습니다. (   )

76. 그녀는 늘 겸손한 態度로 남을 대합니다.
(   )

77. 太陽系에는 수성, 금성, 지구 등이 있습니다.
(   )

78. 공연이 끝나자 감동과 餘韻이 남았습니다.
(   )

79. 한문 공부에 많은 시간을 投資하였습니다.
(   )

80. 공기가 깨끗하고 快適합니다.
(   )

81. 우리는 한 가지 음식으로 統一해서 주문하였습니다. (   )

82. 문제를 해결할 創意的인 방법을 찾았습니다.
(   )

83. 우리는 수학旅行을 마치고 돌아왔습니다.
(   )

( ) 안의 단어를 한자로 쓰시오.

84. 이번 태풍은 매우 (강력)해 많은 피해가 발생하였습니다. (   )

85. 마을 사람들이 (회당)에 모였습니다.
(   )

86. 작가는 300여 명 (독자)와 만났습니다.
(   )

87. 일주일간 (주야) 교대로 일하였습니다.
(   )

88. 자신의 입장을 (표명)하였습니다.
(   )

문장에서 잘못 쓴 한자를 바르게 고쳐 쓰시오. (단, 음이 같은 한자로 고칠 것)

89. 스마트폰이 일상생활을 더 便理하게 만들어 주었습니다. (→   )

90. 時界가 다섯 시를 가리켰습니다.
(→   )

훈음에 맞는 한자를 쓰시오.

91. 움직일 운 (   )   92. 고을 군 (   )
93. 대답할 대 (   )   94. 선비 사 (   )
95. 수레   거 (   )   96. 짧을 단 (   )
97. 노래   가 (   )   98. 글   장 (   )

보기 의 내용에 맞게 □ 안에 적당한 한자를 넣어 한자성어를 완성하시오.

99. 白面□生   (   )

> 보기
> '글만 읽어 얼굴이 창백한 사람'이라는 뜻으로, 공부만 하여 세상 물정에 어둡고 경험이 없는 사람을 이르는 말

100. 一□千金   (   )

> 보기
> '글자 하나의 값이 천금의 가치가 있다'는 뜻으로, 글자나 문장이 아주 훌륭함을 이르는 말

78 제10회 기출 및 예상 문제

📅 _____ 월 _____ 일

객관식 (1~30번)

👍 [ ] 안의 한자와 음(소리)이 같은 한자는?

1. [遠]　①理　②元　③洞　④短
2. [示]　①分　②計　③老　④始
3. [洋]　①陽　②番　③事　④席
4. [野]　①書　②樹　③夜　④毛
5. [信]　①病　②向　③學　④新

👍 [ ] 안의 한자의 뜻으로 알맞은 것은?

6. [夏]　①군사　②여름　③일만　④수풀
7. [線]　①줄　②길　③집　④공
8. [窓]　①과실　②머리　③창문　④열다

👍 [ ] 안의 한자와 뜻이 비슷한 한자는?

9. [午]　①民　②末　③堂　④晝
10. [靑]　①漢　②草　③綠　④高

👍 [ ] 안의 한자와 뜻이 반대(상대)되는 한자는?

11. [弱]　①美　②強　③平　④命
12. [樂]　①苦　②右　③首　④字

👍 보기 의 단어들과 관련이 깊은 한자는?

13. 보기 바다　바지락　껍데기
　　①話　②邑　③才　④貝

14. 보기 또래　동무　친구
　　①友　②村　③成　④章

15. 보기 대표　이름　표지
　　①銀　②前　③題　④用

👍 [ ] 안의 한자어의 독음(소리)으로 알맞은 것은?

16. [背景]　①배수　②배경　③절경　④절반
17. [像想]　①상징　②예상　③허상　④상상
18. [權利]　①권리　②권력　③주장　④이익
19. [約束]　①지금　②지속　③약속　④약물
20. [選擇]　①선정　②선택　③선수　④선거

👍 [ ] 안의 한자어의 뜻으로 알맞은 것은?

21. [恭敬]
　① 세상에 널리 알림.
　② 몸가짐을 공손히 하고 존경함.
　③ 여러 사람이 다 같이 지키기로 작정한 법칙
　④ 어떤 의견이나 논의 따위의 이유 또는 바탕이 되는 것

22. [衛星]
　① 더럽게 물듦.
　② 그러하다고 생각하여 옳다고 인정함.
　③ 행성의 인력에 의하여 그 둘레를 도는 천체
　④ 옷차림새나 몸가짐 따위가 얌전하고 바름.

23. [分類]
　① 종류에 따라서 가름.
　② 글월에 표현된 의미의 앞뒤 연결
　③ 둘 이상의 사물을 서로 견주어 봄.
　④ 다른 수나 양에 대한 어떤 수나 양의 비

24. [印象]
　① 돈이나 물품 따위를 거두어들임.
　② 일정한 기준보다 더 많거나 나음.
　③ 어떤 대상에 대하여 마음속에 새겨지는 느낌
　④ 무한한 시간과 만물을 포함하고 있는 끝없는 공간의 총체

25. [基準]
   ① 조세로서의 돈
   ② 기본이 되는 표준
   ③ 열이나 전기를 잘 전달하는 물체
   ④ 아직 가시지 않고 남아 있는 운치

👉 ( ) 안에 들어갈 한자어로 알맞은 것은?

26. 건물 공사가 95% ( )을 보이고 있습니다.
   ① 團體 ② 工程 ③ 導體 ④ 求愛行動

27. 우리나라 인구는 지역별로 불균등하게 ( )되어 있습니다.
   ① 分布 ② 社會 ③ 協同 ④ 便紙

28. 컴퓨터에는 다양한 생활 ( )가 있습니다.
   ① 巖石 ② 聯想 ③ 分數 ④ 情報

29. 우리는 지역 갈등을 ( )할 방법을 토의하였습니다.
   ① 超過 ② 陸地 ③ 貯金 ④ 解決

30. 오늘 눈이 내릴 ( )은 70%입니다.
   ① 投票 ② 確率 ③ 環境 ④ 討議

주관식 (31~100번)

👉 한자의 훈(뜻)과 음(소리)을 한글로 쓰시오.

31. 便( )   **32.** 當( )
33. 肉( )   **34.** 市( )
35. 黃( )   **36.** 別( )
37. 食( )   **38.** 永( )
39. 祖( )   **40.** 合( )

👉 훈음에 맞는 한자를 보기에서 찾아 쓰시오.

보기: 韓 秋 科 物 原 每 羊 圖 犬 朝

41. 가을 추( )   **42.** 과목 과( )
43. 언덕 원( )   **44.** 물건 물( )
45. 그림 도( )   **46.** 매양 매( )
47. 나라이름한( )   **48.** 아침 조( )
49. 개 견( )   **50.** 양 양( )

👉 한자어의 독음을 한글로 쓰시오.

51. 速讀( )   **52.** 根性( )
53. 竹刀( )   **54.** 見聞( )
55. 共通( )   **56.** 作業( )
57. 淸音( )   **58.** 郡邑( )
59. 血族( )   **60.** 在京( )
61. 火急( )   **62.** 對答( )
63. 多感( )   **64.** 等號( )
65. 和合( )   **66.** 靑春( )
67. 禮度( )   **68.** 消去( )
69. 李花( )   **70.** 死活( )

👉 [가로 열쇠]와 [세로 열쇠]를 읽고, 빈칸에 공통으로 들어갈 한자를 쓰시오.

71.
午		
	세로 열쇠	정오(正午)부터 밤 열두 시까지의 시간
	孫	
	가로 열쇠	자신의 세대에서 여러 세대가 지난 뒤의 자녀

72.
地		
	세로 열쇠	사물이 외부로 나타나 보이는 모양
	式	
	가로 열쇠	땅의 생긴 모양이나 형세

73.
半		
	세로 열쇠	한 걸음의 절반
	行	
	가로 열쇠	걸어 다님.

▶ □ 안에 공통으로 들어갈 한자를 보기 에서 찾아 쓰시오.

보기: 第 部 直 勝 近

74. 親□ □代 □來 (   )
75. 軍□ □品 本□ (   )
76. □利 □者 無□ (   )

▶ 문장에서 잘못 쓴 한자를 바르게 고쳐 쓰시오. (단, 음이 같은 한자로 고칠 것)

77. 신나는 方學이 시작되었습니다.
(→   )

78. 우리 고장에는 관광 明所가 많습니다.
(→   )

▶ ( ) 안의 단어를 한자로 쓰시오.

79. 잘못을 (반성)하였습니다. (   )
80. 자신의 의견을 정확히 (발언)하였습니다.
(   )
81. 이곳은 (유전) 탐사 지역입니다.
(   )
82. 11월 하순부터 (동복)을 입었습니다.
(   )
83. 그와 함께 일한 것은 (행운)이었습니다.
(   )

▶ 한자로 표기된 단어의 독음을 쓰시오.

84. 極微細 기술이 생활에 이용되고 있습니다.
(   )
85. 아침 氣溫이 낮습니다. (   )
86. 우리의 소중한 文化財를 보전합시다.
(   )

87. 公共시설을 내 것처럼 아껴 사용하였습니다.
(   )
88. 김구는 獨立운동가입니다. (   )
89. 비행기가 曲線을 그리며 날아갑니다.
(   )
90. 기상청에서 내일의 降水量을 발표하였습니다.
(   )
91. 그녀의 환한 微笑가 아름답습니다.
(   )
92. 우리가 흔히 쓰는 慣用 表現을 배워 봅시다.
(   )
93. 광장에 많은 觀光客이 모였습니다.
(   )
94. 정정당당히 싸운 뒤 겸허히 結果에 승복하였습니다. (   )
95. 법을 어긴 자에 강력 對應할 예정입니다.
(   )
96. 온 가족이 외식 후 내가 計算하였습니다.
(   )
97. 比例式에 맞추어 계산합니다.
(   )
98. 消極的인 성격 때문에 친구에게 마음을 전하지 못하였습니다. (   )

▶ 보기 의 내용에 맞게 □ 안에 적당한 한자를 넣어 한자성어를 완성하시오.

99. 馬耳東□   (   )

보기: 남의 말을 귀담아듣지 아니하고 지나쳐 흘려버림을 이르는 말

100. 自□自□   (,)

보기: 스스로 묻고 스스로 대답함.

79 최종 모의시험 안내 및 문제

모의시험 안내

180~182쪽에 실제 시험과 동일한 형태의 시험지가 있습니다.
실제 시험과 동일하게 시험을 보면서 최종 점검을 해 보세요.

1. 실제 시험 시간(60분) 동안 모의시험 문제를 풀어 보세요.
2. 문제는 객관식 30문항, 주관식 70문항으로 총 100문항이고, 70문항 이상 맞아야 합격할 수 있습니다.
3. 답은 별도의 답안지(교재 뒷면 첨부)에 작성합니다.
4. 답안 작성은 검정색 펜을 사용하여야 합니다.
5. 답안을 고칠 때는 수정 테이프를 사용하거나 두 줄을 긋고 빈 곳에 다시 씁니다.
6. 정답 및 해설은 192쪽에서 확인합니다.

▼ 모의시험 결과에 따라 아래와 같이 복습할 수 있습니다.

정답 개수	되돌아가기		
☺ 70개 이상	180~182쪽	모의시험 틀린 문제 복습하기	✓
	앞표지 뒷면	5급 선정 한자 읽기	✓
☺ 30~69개	147~177쪽	실력 띵똥땡 복습하기	✓
	앞표지 뒷면	5급 선정 한자 읽기	✓
☹ 29개 이하	7~146쪽	한자 도레미 복습하기	✓
	147~177쪽	실력 띵똥땡 복습하기	✓

제 1 회

한자실력급수 자격시험

(문제지)

※ 정답은 별도 배부한 OCR 답안지에 작성함

급 수	5급		
문항수	100	객관식	30
		주관식	70
시험시간	60분		

수험번호

성명

수험생 유의사항

1. 수험표에 표기된 응시급수와 문제지의 급수가 같은지 확인하시오.
2. 답안지에 성명, 수험번호, 생년월일을 정확하게 표기하시오.
3. 감독관의 설명을 들은 후 문제를 풀기 시작하시오.
4. 답안지의 주·객관식 답안 란에는 검정색 펜을 사용하시오.
5. 답안지의 수정 방법:
   - 객관식 답안의 수정은 수정 테이프만을 사용하시오.
   - 주관식 답안의 수정은 수정 테이프를 사용하거나, 두 줄을 긋고 다시 작성하시오.
6. 주관식은 임의로 간자나 약자를 기입할 경우 오답으로 처리되니 반드시 정자로 정서하여 기입하시오.
7. 문항 번호와 답안지의 번호(객관식과 주관식 구분)를 잘 확인하여 답안을 작성하시오.
8. 수험생의 잘못으로 인해 답안지에 이물질이 묻거나, 객관식 답안에 복수로 표기할 경우 오답으로 처리되니 답안지를 구기거나 낙서를 하는 등 훼손하지 마시오.
9. 시험 시간이 종료되면 필기를 멈추고 감독관의 안내에 따르시오.
10. 시험 시작 후 휴대 전화 등 전자 기기를 조작하거나 사용하면 부정행위로 처리되니 주의하시오.

■ 이 문제지는 응시자가 가지고 가셔도 됩니다.

社團法人 **漢字教育振興會**
韓國漢字實力評價院

제1회 한자실력급수 [5급] 문제지

객관식 (1~30번)

※ [ ] 안의 한자와 음(소리)이 같은 한자는?

1. [當] ①開 ②堂 ③科 ④習
2. [李] ①理 ②孝 ③學 ④業
3. [郡] ①米 ②勇 ③藥 ④軍
4. [度] ①萬 ②詩 ③圖 ④草
5. [飮] ①運 ②音 ③來 ④神

※ [ ] 안의 한자의 뜻으로 알맞은 것은?

6. [始] ①때 ②처음 ③잃다 ④성씨
7. [陽] ①뜻 ②글 ③앞 ④볕
8. [原] ①언덕 ②으뜸 ③많다 ④군사

※ [ ] 안의 한자와 뜻이 비슷한 한자는?

9. [體] ①族 ②永 ③身 ④禮
10. [洋] ①每 ②美 ③林 ④海

※ [ ] 안의 한자와 뜻이 반대(상대)되는 한자는?

11. [晝] ①門 ②母 ③夜 ④空
12. [活] ①親 ②道 ③死 ④命

※ 〈보기〉의 단어들과 관련이 깊은 한자는?

13. | 〈보기〉 | 모자 뇌 두통 |
    ①頭 ②童 ③界 ④光

14. | 〈보기〉 | 시 소설 노래 |
    ①花 ②作 ③朴 ④表

15. | 〈보기〉 | 기상 조식 등교 |
    ①讀 ②幸 ③朝 ④田

※ [ ] 안의 한자어의 독음(소리)으로 알맞은 것은?

16. [季節] ①계절 ②자연 ③춘추 ④절개
17. [聯想] ①이상 ②현상 ③연상 ④상상
18. [加熱] ①가열 ②가중 ③가상 ④가설
19. [情報] ①정식 ②정보 ③청천 ④청소
20. [區分] ①부분 ②구도 ③구역 ④구분

※ [ ] 안의 한자어의 뜻으로 알맞은 것은?

21. [戰爭]
    ① 높이어 귀중하게 대함.
    ② 두 개의 비가 같음을 나타내는 식
    ③ 지구 바깥쪽을 구성하는 단단한 물질
    ④ 국가와 국가 사이의 병력에 의한 싸움

22. [貯金]
    ① 돈을 모아 둠.
    ② 소리 없이 빙긋이 웃음.
    ③ 자신이 실제로 해 보거나 겪어 봄.
    ④ 스스로 존재하거나 저절로 이루어지는 것

23. [陸地]
    ① 한 가족이 생활하는 집
    ② 물에 덮이지 않은 지구의 겉면
    ③ 계통을 받아 전함. 또는 이어 받은 계통
    ④ 국내의 상품이나 기술을 외국으로 팔아 내보냄.

24. [合唱]
    ① 더럽게 물듦.
    ② 창의성을 띠거나 가진 것
    ③ 여러 사람이 목소리를 맞추어서 노래를 부름.
    ④ 일이나 유람을 목적으로 다른 고장이나 외국에 가는 일

25. [社會]
　① 같은 무리끼리 모여 이루는 집단
　② 어떤 원인 때문에 이루어진 결말
　③ 여럿 가운데서 필요한 것을 골라 뽑음.
　④ 무엇에 얽매이지 아니하고 자기 마음대로 할 수 있는 상태

※ ( ) 안에 들어갈 한자어로 알맞은 것은?

26. 외국( )이 나에게 길을 물었습니다.
　① 建國　② 計算　③ 生態系　④ 觀光客

27. 고집이 센 친구를 겨우 ( )하였습니다.
　① 宇宙　② 種類　③ 說得　④ 俗談

28. 매장은 환기가 잘 되어 무척 ( )합니다.
　① 選擧　② 投資　③ 縮尺　④ 快適

29. 새로운 환경 변화에 ( )하기 어려웠습니다.
　① 適應　② 統一　③ 時調　④ 司法府

30. 친구와 ( )하여 그림을 완성하였습니다.
　① 樂器　② 協同　③ 歷史　④ 政治

주관식 (31~100번)

※ 한자의 훈(뜻)과 음(소리)을 한글로 쓰시오.

31. 共(　　)　32. 反(　　)
33. 樹(　　)　34. 本(　　)
35. 物(　　)　36. 信(　　)
37. 友(　　)　38. 路(　　)
39. 銀(　　)　40. 部(　　)

※ 훈음에 맞는 한자를 〈보기〉에서 찾아 쓰시오.

〈보기〉	邑 育 室 便 放 近 強 冬 所 高

41. 겨울 동(　　)　42. 가까울 근(　　)
43. 놓을 방(　　)　44. 강할 강(　　)
45. 바 소(　　)　46. 집 실(　　)
47. 높을 고(　　)　48. 고을 읍(　　)
49. 기를 육(　　)　50. 편할 편(　　)

※ 한자어의 독음을 한글로 쓰시오.

51. 魚肉(　　)　52. 昨年(　　)
53. 英才(　　)　54. 夏服(　　)
55. 春秋(　　)　56. 首席(　　)
57. 會計(　　)　58. 北京(　　)
59. 農村(　　)　60. 重病(　　)
61. 消去(　　)　62. 自省(　　)
63. 後孫(　　)　64. 番號(　　)
65. 見聞(　　)　66. 新綠(　　)
67. 草野(　　)　68. 明示(　　)
69. 毛根(　　)　70. 性急(　　)

※ [가로 열쇠]와 [세로 열쇠]를 읽고, 빈칸에 공통으로 들어갈 한자를 쓰시오.

71.
	短	세로 열쇠	날이 한쪽에만 서 있는 짧은 칼
果		가로 열쇠	과일을 깎는 작은 칼

72.
	等	세로 열쇠	수나 문자, 식을 등호를 써서 나타내는 관계식
形		가로 열쇠	사물이 외부로 나타나 보이는 모양

73.
	線	세로 열쇠	자신이 생각하는 바를 기탄없이 말함.
言		가로 열쇠	꺾이거나 굽은 데가 없는 곧은 선

※ □ 안에 공통으로 들어갈 한자를 〈보기〉에서 찾아 쓰시오.

〈보기〉	書 面 交 成 巾

74. □感　□通　□代　(　　)
75. 讀□　圖□　文□　(　　)
76. □功　速□　大□　(　　)

※ 문장에서 잘못 쓴 한자를 바르게 고쳐 쓰시오.
   (단, 음이 같은 한자로 고칠 것)

77. 공사 현장은 안전이 題一 중요합니다.
    (　　→　　)

78. 불러도 아무 大答이 없습니다.
    (　　→　　)

※ ( ) 안의 단어를 한자로 쓰시오.

79. 그들은 (반보) 간격으로 서 있습니다.
    (　　　)

80. 그는 나와 (각별)한 친구입니다.
    (　　　)

81. 선생님의 (전화)번호를 잊어버렸습니다.
    (　　　)

82. 김대중 대통령은 한국인 최초로 노벨 (평화) 상을 받았습니다.
    (　　　)

83. 오랜만에 초등학교 (동창)끼리 모였습니다.
    (　　　)

※ 한자로 표기된 단어의 독음을 쓰시오.

84. 우동의 標準語는 가락국수입니다.
    (　　　)

85. 그녀는 첫印象이 참 좋았습니다.
    (　　　)

86. 오늘 새벽 4.5 규모의 地震이 발생하였습니다.
    (　　　)

87. 거실에 闊葉樹를 놓았습니다.
    (　　　)

88. 文脈에 맞게 문장을 풀이하였습니다.
    (　　　)

89. 아버지는 勤勉하고 성실하십니다.
    (　　　)

90. 공공시설을 秩序 있게 사용합니다.
    (　　　)

91. 그녀는 이번 영화에서 의사 役割을 맡았습니다.
    (　　　)

92. 지난주 여수 博覽會에 다녀왔습니다.
    (　　　)

93. 폭설이 내려 公演이 취소되었습니다.
    (　　　)

94. 그는 끝까지 불의에 妥協하지 않았습니다.
    (　　　)

95. 오늘은 학부모 面談일입니다.
    (　　　)

96. 형은 餘暇 시간에 그림을 그립니다.
    (　　　)

97. 이곳은 尖端 장비를 갖추고 있습니다.
    (　　　)

98. 地球村 곳곳에서 폭염이 기승을 부리고 있습니다.
    (　　　)

※ 〈보기〉의 내용에 맞게 □ 안에 적당한 한자를 넣어 한자성어를 완성하시오.

99. □ 口 □ 言　　(　　,　　)

〈보기〉

'입은 있어도 말은 없다'는 뜻으로, 변명할 말이 없거나 변명을 못함을 이르는 말

100. □ □ 明 月　　(　　,　　)

〈보기〉

맑은 바람과 밝은 달

합격자 발표: 20○○. ○○. ○○
결과 조회: 홈페이지(www.hanja114.org) 접속
(성명, 생년월일, 수험번호 필수 기재)

정답 및 해설 • 한자 도레미

1~6 수·위치·시간 한자

● 생활 쏙쏙

8쪽	(1) 삼국 (2) 사방	9쪽	(1) 오감 (2) 칠년
10쪽	(1) 구십 (2) 백화	11쪽	(1) 후반 (2) 다소
12쪽	(1) 서산 (2) 남북	13쪽	(1) 전후 (2) 좌우
14쪽	(1) 상하 (2) 내외	15쪽	(1) 원근 (2) 방향
16쪽	(1) 춘추 (2) 하복	17쪽	(1) 주야 (2) 조석
18쪽	(1) 시간 (2) 고금	19쪽	(1) 오전 (2) 매년

7 와우! 내 실력!

20~21쪽

1.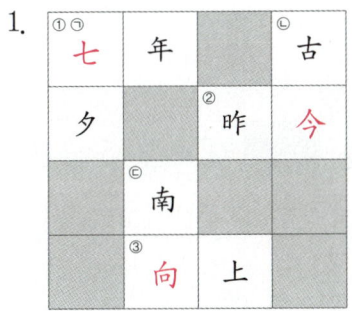

2. (1) ② (2) ① (3) ③
3. (1) ④ (2) ③ (3) ④   4. ①
5. (1) 다섯 오 (2) 오른 우 (3) 때 시
   (4) 모 방 (5) 해 년 (6) 절반 반
6. (1) 午 (2) 後 (3) 夕 7. 西

8~13 자연 한자

● 생활 쏙쏙

22쪽	(1) 일월 (2) 태양	23쪽	(1) 토목 (2) 천지
24쪽	(1) 화산 (2) 유전	25쪽	(1) 옥석 (2) 금은
26쪽	(1) 화초 (2) 죽림	27쪽	(1) 근본 (2) 식수
28쪽	(1) 견마 (2) 우양	29쪽	(1) 평야 (2) 고원
30쪽	(1) 풍수 (2) 산천	31쪽	(1) 어패 (2) 해양
32쪽	(1) 청색 (2) 청명	33쪽	(1) 녹황색 (2) 백광

14 와우! 내 실력!

34~35쪽

1.

①㉠植	樹		㉡土
木		②天	地
③日	㉢光		
	④明	白	

2. (1) ② (2) ① (3) ①
3. (1) ③ (2) ② (3) ④   4. ②
5. (1) 수풀 림 (2) 뿌리 근 (3) 들 야
   (4) 소 우 (5) 대 죽 (6) 바다 해
6. (1) 木 (2) 陽 (3) 原 7. 風, 月

15~20 사람·신체 한자

● 생활 쏙쏙

36쪽	(1) 가족 (2) 부모	37쪽	(1) 형제 (2) 혈육
38쪽	(1) 조손 (2) 자기	39쪽	(1) 성명 (2) 고박
40쪽	(1) 부인 (2) 남녀	41쪽	(1) 동자 (2) 친우
42쪽	(1) 군사 (2) 농공	43쪽	(1) 민심 (2) 각자
44쪽	(1) 생명 (2) 사활	45쪽	(1) 노병 (2) 신체
46쪽	(1) 면목 (2) 이목	47쪽	(1) 수족 (2) 화두

21 와우! 내 실력!

48~49쪽

1.

①㉠老	人		㉡面
病		②耳	目
		㉢生	
	③死	活	

정답 및 해설 · 한자 도레미

2. (1) ① (2) ② (3) ④
3. (1) ③ (2) ① (3) ④ 4. ③
5. (1) 몸 기 (2) 친할 친 (3) 성씨 성
   (4) 백성 민 (5) 스스로 자 (6) 각각 각
6. (1) 生 (2) 祖 (3) 子 7. 毛

22~27 마음·상태·행동 한자

● 생활 쏙쏙

50쪽 (1) 촌심 (2) 고락   51쪽 (1) 감성 (2) 용기
52쪽 (1) 정직 (2) 중대   53쪽 (1) 공중 (2) 소신
54쪽 (1) 영유 (2) 무승   55쪽 (1) 소실 (2) 강약
56쪽 (1) 편리 (2) 안전   57쪽 (1) 급속 (2) 불효
58쪽 (1) 분별 (2) 반성   59쪽 (1) 행운 (2) 대립
60쪽 (1) 미행 (2) 기입   61쪽 (1) 거래 (2) 개통

28 와우! 내 실력!

62~63쪽

1.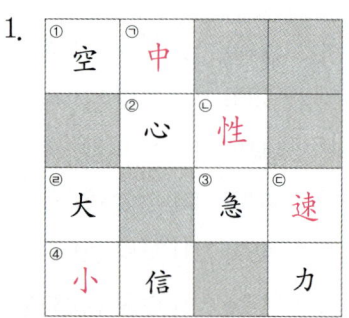

2. (1) ① (2) ② (3) ①
3. (1) ② (2) ② (3) ④ 4. ③
5. (1) 날쌜 용 (2) 효도 효 (3) 느낄 감
   (4) 다행 행 (5) 기운 기 (6) 움직일 운
6. (1) 別 (2) 對 (3) 便 7. 有, 無

29~35 학교 한자

● 생활 쏙쏙

64쪽 (1) 등교 (2) 방학   65쪽 (1) 출석 (2) 당번
66쪽 (1) 독서 (2) 습작   67쪽 (1) 발표 (2) 공력
68쪽 (1) 문답 (2) 견문   69쪽 (1) 영재 (2) 육성
70쪽 (1) 언어 (2) 문장   71쪽 (1) 의도 (2) 주제
72쪽 (1) 동음 (2) 시가   73쪽 (1) 한자 (2) 부수
74쪽 (1) 원시 (2) 선대   75쪽 (1) 신화 (2) 재위
76쪽 (1) 물리 (2) 등호
77쪽 (1) 교과 (2) 교습 (3) 과목 (4) 과학

36 와우! 내 실력!

78~79쪽

1.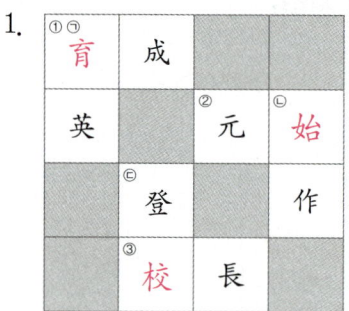

2. (1) ② (2) ④ (3) ④
3. (1) ① (2) ③ (3) ② 4. ③
5. (1) 귀신 신 (2) 글자 자 (3) 주인 주
   (4) 이름 호 (5) 공공 (6) 뜻 의
6. (1) 物 (2) 科 (3) 首 7. 答

37~43 생활·기타 한자

● 생활 쏙쏙

80쪽 (1) 실외 (2) 창문   81쪽 (1) 전선 (2) 의복
82쪽 (1) 식사 (2) 미음   83쪽 (1) 과도 (2) 한약
84쪽 (1) 교통 (2) 차로   85쪽 (1) 보도 (2) 시장
86쪽 (1) 주소 (2) 촌리   87쪽 (1) 군, 읍 (2) 동구
88쪽 (1) 휴업 (2) 화합   89쪽 (1) 세계 (2) 애국
90쪽 (1) 예도 (2) 형식   91쪽 (1) 회계 (2) 공용
92쪽 (1) 신품 (2) 장단
93쪽 (1) 제일 (2) 월말 (3) 수건

44 와우! 내 실력!

94~95쪽

1.

	㉠新		㉢會
㉡百	年	㉣大	計
		刀	
㉤窓	門		

2. (1) ③ (2) ① (3) ②
3. (1) ② (2) ① (3) ④   4. ③
5. (1) 과실 과 (2) 고을 읍 (3) 마을 리
   (4) 세상 세 (5) 모양 형 (6) 나라 이름 한
6. (1) 通 (2) 所 (3) 飮   7. 步, 步

45~49 국어 교과서 한자어

96쪽 ● 생활 쏙쏙 (1) 역할 (2) 해결, 토의
   ● 퀴즈 띵똥 ④
97쪽 ● 생활 쏙쏙 (1) 근거 (2) 태도
   ● 퀴즈 띵똥 ②
98쪽 ● 생활 쏙쏙 (1) 면담 (2) 선택
   ● 퀴즈 띵똥 尊重
99쪽 ● 생활 쏙쏙 (1) 광고 (2) 긍정
   ● 퀴즈 띵똥 ④
100쪽 ● 생활 쏙쏙 (1) 경험 (2) 원인, 결과
   ● 퀴즈 띵똥 (1) 경험 (2) 결과
101쪽 ● 생활 쏙쏙 (1) 공연 (2) 문화재
   ● 퀴즈 띵똥 공연
102쪽 ● 생활 쏙쏙 (1) 문맥 (2) 표준어
   ● 퀴즈 띵똥 (1) 문맥 (2) 고유어
103쪽 ● 생활 쏙쏙 (1) 관용 표현 (2) 시조
   ● 퀴즈 띵똥 ①
104쪽 ● 생활 쏙쏙 (1) 배경 (2) 묘사
   ● 퀴즈 띵똥 想像
105쪽 ● 생활 쏙쏙 (1) 전학 (2) 여운
   ● 퀴즈 띵똥 (1) 전학 (2) 여운 (3) 묘사

50 와우! 내 실력!

106~107쪽

1.

2. (1) ③ (2) ④   3. (1) ① (2) ②
4. (1) 공연 (2) 근거 (3) 문화재

51~55 도덕·사회 교과서 한자어

108쪽 ● 생활 쏙쏙 (1) 근면 (2) 공경
   ● 퀴즈 띵똥 妥協
109쪽 ● 생활 쏙쏙 (1) 사회, 질서 (2) 사법부
   ● 퀴즈 띵똥 ②
110쪽 ● 생활 쏙쏙 (1) 자유 (2) 권리
   ● 퀴즈 띵똥 ①
111쪽 ● 생활 쏙쏙 (1) 참정권 (2) 투표
   ● 퀴즈 띵똥 ③
112쪽 ● 생활 쏙쏙 (1) 경제 (2) 세금
   ● 퀴즈 띵똥 ③
113쪽 ● 생활 쏙쏙 (1) 투자 (2) 수출
   ● 퀴즈 띵똥 (1) 수출 (2) 저금
114쪽 ● 생활 쏙쏙 (1) 역사 (2) 건국

정답 및 해설 • 한자 도레미

- 퀴즈 띵똥 ②
115쪽 • 생활 쏙쏙 ②
116쪽 • 생활 쏙쏙 (1) 전통 (2) 분포
- 퀴즈 띵똥 縮尺
117쪽 • 생활 쏙쏙 (1) 협동 (2) 지구촌
- 퀴즈 띵똥 博覽會

56 와우! 내 실력!

118~119쪽

1. (1) ① (2) ② (3) ③ (4) ④
2. (1) ② (2) ② (3) ①   3. (1) ④ (2) ④ (3) ③
4. (1) 근면 (2) 질서 (3) 사회

57~61 과학 교과서 한자어

120쪽 • 생활 쏙쏙 (1) 자연 (2) 창의적
- 퀴즈 띵똥 陸地
121쪽 • 생활 쏙쏙 (1) 기온 (2) 정보
- 퀴즈 띵똥 ②
122쪽 • 생활 쏙쏙 (1) 생태계 (2) 오염
- 퀴즈 띵똥 ②
123쪽 • 생활 쏙쏙 (1) 극미세 (2) 침엽수
- 퀴즈 띵똥 ①
124쪽 • 생활 쏙쏙 (1) 구분 (2) 적응
- 퀴즈 띵똥 ①
125쪽 • 생활 쏙쏙 (1) 암석 (2) 지층
- 퀴즈 띵똥 ④
126쪽 • 생활 쏙쏙 (1) 우주 (2) 태양계
- 퀴즈 띵똥 衛星
127쪽 • 생활 쏙쏙 (1) 가열 (2) 강수량
- 퀴즈 띵똥 ④
128쪽 • 생활 쏙쏙 (1) 첨단 (2) 반도체
- 퀴즈 띵똥 도체
129쪽 • 생활 쏙쏙 (1) 공정 (2) 관광객
- 퀴즈 띵똥 ③

62 와우! 내 실력!

130~131쪽

1. (1) ① (2) ⑥ (3) ③ (4) ⑤ (5) ⑦ (6) ④ (7) ②
2. (1) ③ (2) ①   3. (1) ① (2) ④
4. (1) 창의적 (2) 반도체 (3) 지진

63~67 수학·예체능 교과서 한자어

132쪽 • 생활 쏙쏙 (1) 단위 (2) 각도
- 퀴즈 띵똥 ③
133쪽 • 생활 쏙쏙 (1) 규칙 (2) 약속
- 퀴즈 띵똥 ③
134쪽 • 생활 쏙쏙 (1) 기준 (2) 분류
- 퀴즈 띵똥 分數
135쪽 • 생활 쏙쏙 (1) 비교 (2) 비율
- 퀴즈 띵똥 比例式
136쪽 • 생활 쏙쏙 (1) 초과 (2) 이상
- 퀴즈 띵똥 ②
137쪽 • 생활 쏙쏙 (1) 가정 (2) 쾌적
- 퀴즈 띵똥 ②
138쪽 • 생활 쏙쏙 (1) 악기 (2) 미소
- 퀴즈 띵똥 합창
139쪽 • 생활 쏙쏙 (1) 연상 (2) 인상
- 퀴즈 띵똥 ②
140쪽 • 생활 쏙쏙 (1) 여가 (2) 적극적, 소극적
- 퀴즈 띵똥 ①
141쪽 • 생활 쏙쏙 (1) 공공 (2) 장애
- 퀴즈 띵똥 ④

68 와우! 내 실력!

142~143쪽

1. (1) ⑥ (2) ② (3) ④ (4) ③ (5) ⑤ (6) ① (7) ⑦
2. (1) ③ (2) ②   3. (1) ① (2) ④
4. (1) 장애 (2) 여가 (3) 적극적

정답 및 해설 • 실력 띵똥땡

69 제1회 기출 및 예상 문제 148~150쪽

1 ②	2 ③	3 ①	4 ②	5 ④
6 ①	7 ④	8 ③	9 ①	10 ④
11 ②	12 ③	13 ①	14 ④	15 ②
16 ④	17 ①	18 ③	19 ③	20 ④
21 ③	22 ①	23 ①	24 ②	25 ④
26 ④	27 ②	28 ①	29 ③	30 ③

31 사랑 애 32 글 서 33 강할 강 34 공 공 35 겨울 동 36 많을 다 37 그림 도 38 큰 바다 양 39 오를 등 40 놓을 방 41 서울 경 42 붓 필 43 지경 계 44 자리 석 45 털 모 46 短 47 速 48 聞 49 用 50 親 51 淸 52 조석 53 동창 54 전기 55 죽림 56 공중 57 모근 58 불행 59 학습 60 한국 61 당대 62 공감 63 남녀 64 도로 65 생명 66 시장 67 在 68 夜 69 神 70 村 71 童 72 己 73 去 74 비교 75 수입 76 단정 77 공경 78 계절 79 자유 80 위성 81 역사 82 전쟁 83 초과 84 草綠 85 油田 86 苦樂 87 無勝 88 靑春 89 少→消 90 里→理 91 各 92 禮 93 根 94 肉 95 直 96 表 97 開 98 太 99 作 100 後

14 ① 배경, ② 분포, ③ 도체, ④ 정치
15 ① 독립, ② 지진, ③ 관광객, ④ 각도
16 ① 환경, ② 수출, ③ 속담, ④ 비례식
17 ① 해결, ② 전학, ③ 투표, ④ 통일
18 ① 육지, ② 우주, ③ 태도, ④ 침엽수
24 ① 가정, ② 확률, ③ 긍정, ④ 구애 행동
25 ① 묘사, ② 경험, ③ 문맥, ④ 미소
26 ① 세금, ② 권리, ③ 암석, ④ 타협
27 ① 역할, ② 질서, ③ 오염, ④ 표준어
28 ① 태양계, ② 쾌적, ③ 토의, ④ 적응
29 ① 지층, ② 원인, ③ 규칙, ④ 참정권
30 ① 전통, ② 존중, ③ 기온, ④ 악기

70 제2회 기출 및 예상 문제 151~153쪽

1 ④	2 ②	3 ③	4 ②	5 ④
6 ①	7 ①	8 ③	9 ④	10 ①
11 ③	12 ②	13 ②	14 ②	15 ③
16 ①	17 ②	18 ①	19 ①	20 ④
21 ①	22 ④	23 ④	24 ①	25 ②
26 ①	27 ③	28 ②	29 ①	30 ④

31 강 강 32 대답할 대 33 없을 무 34 법 식 35 일만 만 36 예 고 37 바 소 38 임금 왕 39 다섯 오 40 지아비 부 41 弱 42 牛 43 去 44 音 45 題 46 休 47 高 48 見 49 東 50 六 51 교통 52 반성 53 과도 54 야광 55 형식 56 통신 57 청명 58 승리 59 예도 60 발음 61 혈육 62 편안 63 공용 64 신화 65 독서 66 친근 67 의도 68 각계 69 작년 70 개방 71 聞 72 理 73 才 74 野 75 部 76 直 77 米→美 78 神→新 79 永遠 80 失業 81 死活 82 元始 83 太陽 84 곡선 85 권리 86 긍정 87 축척 88 문화재 89 반도체 90 우주 91 비율 92 상상 93 설득 94 속담 95 암석 96 분포 97 창의적 98 대응 99 計 100 古

21 ① 加熱(가열), ② 建國(건국), ③ 貯金(저금), ④ 問題(문제)
22 ① 勤勉(근면), ② 面談(면담), ③ 實驗(실험), ④ 肯定(긍정)
23 ① 背景(배경), ② 轉學(전학), ③ 闊葉樹(활엽수), ④ 餘韻(여운)
24 ① 獨立(독립), ② 超過(초과), ③ 收入(수입), ④ 役割(역할)
25 ① 基準(기준), ② 微笑(미소), ③ 文脈(문맥), ④ 比較(비교)
26 ① 단위, ② 선거, ③ 묘사, ④ 관광객

정답 및 해설 • 실력 띵똥땡

27 ① 시조, ② 원인, ③ 이상, ④ 단정
28 ① 저금, ② 육지, ③ 오염, ④ 악기
29 ① 인상, ② 적응, ③ 지구촌, ④ 침엽수
30 ① 가정, ② 공공, ③ 표준어, ④ 강수량

25 ① 존중, ② 연상, ③ 협동, ④ 단정
26 ① 약속, ② 태도, ③ 종류, ④ 전쟁
27 ① 초과, ② 미소, ③ 비교, ④ 기준
28 ① 해결, ② 위성, ③ 세금, ④ 확률
29 ① 선택, ② 여행, ③ 시조, ④ 역사
30 ① 수출, ② 여가, ③ 속담, ④ 분류

71 제3회 기출 및 예상 문제 154~156쪽

1 ④ 2 ① 3 ② 4 ④ 5 ③
6 ② 7 ④ 8 ① 9 ④ 10 ②
11 ② 12 ④ 13 ③ 14 ② 15 ④
16 ① 17 ② 18 ① 19 ③ 20 ②
21 ④ 22 ② 23 ① 24 ① 25 ②
26 ③ 27 ④ 28 ③ 29 ② 30 ①
31 각각 각 32 목숨 명 33 순박할 박 34 푸를 록 35 지경 계 36 살필 성 37 자리 석 38 마실 음 39 손자 손 40 열 개 41 어제 작 42 아름다울 미 43 이로울 리 44 약할 약 45 셀 계 46 運 47 反 48 形 49 讀 50 急 51 話 52 음악 53 교우 54 등호 55 표시 56 원수 57 추석 58 신용 59 실명 60 패물 61 광선 62 은행 63 방학 64 임야 65 풍차 66 품위 67 夏 68 場 69 村 70 樹 71 路 72 肉 73 無 74 적극적 75 오염 76 여운 77 적응 78 악기 79 생태계 80 지진 81 질서 82 묘사 83 참정권 84 勇氣 85 始作 86 永遠 87 身長 88 家族 89 堂→當 90 第→題 91 後 92 血 93 田 94 左 95 體 96 黃 97 合 98 淸 99 毛 100 市

14 ① 배경, ② 가정, ③ 환경, ④ 수입
15 ① 장애, ② 역할, ③ 근면, ④ 전학
16 ① 통일, ② 정보, ③ 공연, ④ 건국
17 ① 투자, ② 공공, ③ 단체, ④ 계산
18 ① 분수, ② 타협, ③ 토의, ④ 지층
24 ① 근거, ② 첨단, ③ 편지, ④ 쾌적

72 제4회 기출 및 예상 문제 157~159쪽

1 ④ 2 ② 3 ① 4 ② 5 ③
6 ② 7 ② 8 ③ 9 ③ 10 ②
11 ④ 12 ② 13 ① 14 ② 15 ②
16 ① 17 ① 18 ② 19 ② 20 ④
21 ④ 22 ④ 23 ④ 24 ② 25 ④
26 ② 27 ① 28 ④ 29 ③ 30 ④
31 쓸 용 32 멀 원 33 손자 손 34 많을 다 35 심을 식 36 가까울 근 37 서울 경 38 자리 위 39 강할 강 40 번개 전 41 窓 42 淸 43 對 44 祖 45 重 46 席 47 韓 48 村 49 姓 50 在 51 문장 52 직후 53 업체 54 태양 55 춘추 56 혈서 57 성공 58 세계 59 애견 60 주야 61 용사 62 행운 63 신식 64 승자 65 근성 66 의도 67 단명 68 발표 69 조석 70 개화 71 禮 72 感 73 飮 74 魚 75 油 76 通 77 神→身 78 反→半 79 敎科 80 急速 81 習作 82 英才 83 各別 84 관용표현 85 단체 86 태도 87 강수량 88 토의 89 장애 90 사법부 91 독립 92 역할 93 첨단 94 극미세 95 선거 96 환경 97 육지 98 구애 행동 99 見 100 苦, 樂

21 ① 貯金(저금), ② 地球村(지구촌), ③ 輸出(수출), ④ 自由(자유)
22 ① 微笑(미소), ② 創意的(창의적), ③ 恭敬(공경), ④ 博覽會(박람회)

23 ① 觀光客(관광객), ② 快適(쾌적), ③ 陸地(육지), ④ 巖石(암석)
24 ① 廣告(광고), ② 固有語(고유어), ③ 規則(규칙), ④ 區分(구분)
25 ① 汚染(오염), ② 戰爭(전쟁), ③ 參政權(참정권), ④ 宇宙(우주)
26 ① 투표, ② 정보, ③ 협동, ④ 통일
27 ① 지층, ② 종류, ③ 이상, ④ 비율
28 ① 문맥, ② 분포, ③ 상상, ④ 합창
29 ① 세금, ② 여행, ③ 편지, ④ 전학
30 ① 정치, ② 기온, ③ 규칙, ④ 활엽수

14 ① 속담, ② 비교, ③ 자연, ④ 이상
15 ① 대응, ② 분류, ③ 여가, ④ 권리
16 ① 역사, ② 면담, ③ 기준, ④ 단체
17 ① 단위, ② 상상, ③ 연상, ④ 근거
18 ① 설득, ② 악기, ③ 도체, ④ 위성
24 ① 공정, ② 가열, ③ 사회, ④ 경제
25 ① 비례식, ② 계절, ③ 계산, ④ 공연
26 ① 사법부, ② 쾌적, ③ 경험, ④ 가정
27 ① 환경, ② 배경, ③ 극미세, ④ 박람회
28 ① 암석, ② 지진, ③ 단정, ④ 분수
29 ① 편지, ② 토의, ③ 생태계, ④ 반도체
30 ① 선택, ② 정보, ③ 우주, ④ 수출

73 제5회 기출 및 예상 문제 160~162쪽

1 ② 2 ① 3 ④ 4 ③ 5 ④
6 ① 7 ② 8 ③ 9 ④ 10 ②
11 ④ 12 ① 13 ④ 14 ④ 15 ③
16 ② 17 ① 18 ① 19 ④ 20 ②
21 ③ 22 ① 23 ② 24 ③ 25 ④
26 ① 27 ② 28 ④ 29 ③ 30 ①
31 겨레 족 32 가을 추 33 겉 표 34 클 태 35 누를 황 36 다행 행 37 몸 체 38 사라질 소 39 뜻 의 40 옷 복 41 창문 창 42 병 병 43 순박할 박 44 조개 패 45 절반 반 46 根 47 開 48 村 49 後 50 頭 51 愛 52 단신 53 동시 54 대답 55 공업 56 과목 57 약자 58 청풍 59 유전 60 영원 61 공석 62 주간 63 보도 64 은행 65 식수 66 조회 67 邑 68 京 69 堂 70 號 71 第 72 近 73 活 74 투자 75 활엽수 76 해결 77 지층 78 타협 79 초과 80 존중 81 지구촌 82 시조 83 여행 84 反省 85 血肉 86 元首 87 孫子 88 利用 89 中→重 90 先→線 91 發 92 毛 93 死 94 圖 95 聞 96 當 97 路 98 通 99 花 100 在

74 제6회 기출 및 예상 문제 163~165쪽

1 ② 2 ① 3 ④ 4 ③ 5 ④
6 ② 7 ① 8 ③ 9 ① 10 ③
11 ③ 12 ② 13 ④ 14 ② 15 ①
16 ② 17 ① 18 ② 19 ④ 20 ①
21 ② 22 ② 23 ② 24 ③ 25 ②
26 ② 27 ④ 28 ① 29 ④ 30 ③
31 걸음 보 32 놈 자 33 거느릴 부 34 효도 효 35 예도 례 36 급할 급 37 법도 도 38 뿌리 근 39 온전할 전 40 푸를 록 41 夏 42 刀 43 親 44 短 45 等 46 所 47 世 48 玉 49 場 50 對 51 동복 52 양약 53 미음 54 화두 55 독서 56 편안 57 불행 58 속행 59 가족 60 병약 61 신체 62 작금 63 도표 64 당실 65 소실 66 반성 67 견습 68 작별 69 의향 70 명시 71 命 72 美 73 近 74 界 75 犬 76 活 77 問→聞 78 利→理 79 車窓 80 秋夜 81 長魚 82 勇氣 83 言語 84 각도 85 가정 86 박람회 87 비례식 88 설득

정답 및 해설 • 실력 띵똥땡

89 공연 90 연상 91 적응 92 관광객 93 창의적 94 면담 95 근거 96 계산 97 단위 98 수출 99 成 100 發

21 ① 固有語(고유어), ② 結果(결과), ③ 曲線(곡선), ④ 季節(계절)
22 ① 氣溫(기온), ② 種類(종류), ③ 工程(공정), ④ 選擧(선거)
23 ① 肯定(긍정), ② 比率(비율), ③ 合唱(합창), ④ 積極的(적극적)
24 ① 統一(통일), ② 文脈(문맥), ③ 態度(태도), ④ 投票(투표)
25 ① 協同(협동), ② 針葉樹(침엽수), ③ 太陽系(태양계), ④ 秩序(질서)
26 ① 독립, ② 정치, ③ 배경, ④ 가열
27 ① 세금, ② 역할, ③ 분수, ④ 분포
28 ① 수입, ② 약속, ③ 묘사, ④ 원인
29 ① 육지, ② 장애, ③ 전통, ④ 대응
30 ① 첨단, ② 축척, ③ 자유, ④ 존중

75 제7회 기출 및 예상 문제 166~168쪽

1	①	2	③	3	④	4	③	5	②
6	③	7	③	8	②	9	④	10	①
11	④	12	①	13	③	14	②	15	④
16	③	17	①	18	④	19	②	20	①
21	②	22	④	23	③	24	③	25	②
26	④	27	①	28	④	29	①	30	③

31 순박할 박 32 집 가 33 털 모 34 푸를 록 35 고을 군 36 사라질 소 37 무거울 중 38 다닐 행 39 백성 민 40 창문 창 41 읽을 독 42 가르칠 교 43 농사 농 44 지경 계 45 겉 표 46 野 47 章 48 等 49 感 50 春 51

親 52 어패 53 직선 54 원리 55 부족 56 예도 57 교통 58 면도 59 다행 60 성공 61 회계 62 과수 63 병고 64 당신 65 실성 66 영재 67 田 68 放 69 始 70 業 71 大 72 後 73 勇 74 역할 75 정보 76 가정 77 고유어 78 태양계 79 적극적 80 극미세 81 자유 82 관용 표현 83 이상 84 去來 85 共用 86 太陽 87 和音 88 淸明 89 寸 → 村 90 花 → 話 91 强 92 銀 93 品 94 竹 95 永 96 畫 97 京 98 省 99 死 100 海

14 ① 도체, ② 전통, ③ 적응, ④ 여행
15 ① 가열, ② 원인, ③ 각도, ④ 강수량
16 ① 존중, ② 편지, ③ 자연, ④ 분류
17 ① 근면, ② 공정, ③ 경험, ④ 전학
18 ① 사회, ② 경제, ③ 결과, ④ 지구촌
24 ① 질서, ② 쾌적, ③ 구분, ④ 단체
25 ① 투자, ② 문맥, ③ 합창, ④ 건국
26 ① 상상, ② 태도, ③ 긍정, ④ 참정권
27 ① 권리, ② 선택, ③ 속담, ④ 여가
28 ① 곡선, ② 역사, ③ 사법부, ④ 소극적
29 ① 위성, ② 규칙, ③ 지진, ④ 기온
30 ① 기준, ② 공연, ③ 공경, ④ 계절

76 제8회 기출 및 예상 문제 169~171쪽

1	①	2	③	3	②	4	④	5	④
6	②	7	③	8	①	9	③	10	④
11	③	12	②	13	④	14	②	15	②
16	②	17	④	18	①	19	③	20	②
21	③	22	④	23	④	24	③	25	①
26	③	27	②	28	①	29	①	30	③

31 공공 32 대답할 대 33 짧을 단 34 놓을 방 35 번개 전 36 빛 색 37 새로울 신 38 사귈 교 39 마실 음 40 다스릴 리 41 重 42 平 43 春 44 貝 45 住 46 樂 47 藥 48 有 49 犬 50 淸 51 소실 52 강행 53 서두 54 발견 55 별당 56 우애 57 당번 58 승리 59 도장 60 과학 61 농촌 62 각계 63 화제 64 서경 65 동창 66 원음 67 태평 68 풍습 69 형편 70 장손 71 活 72 品 73 光 74 才 75 業 76 果 77 登→等 78 母→毛 79 方式 80 詩文 81 病弱 82 血肉 83 首席 84 확률 85 종류 86 암석 87 협동 88 세금 89 반도체 90 환경 91 미소 92 단정 93 생태계 94 전학 95 가열 96 단위 97 기온 98 묘사 99 美 100 老

21 ① 汚染(오염), ② 超過(초과), ③ 尖端(첨단), ④ 衛星(위성)
22 ① 創意的(창의적), ② 收入(수입), ③ 討議(토의), ④ 權利(권리)
23 ① 分布(분포), ② 獨立(독립), ③ 妥協(타협), ④ 季節(계절)
24 ① 政治(정치), ② 比例式(비례식), ③ 戰爭(전쟁), ④ 標準語(표준어)
25 ① 闊葉樹(활엽수), ② 陸地(육지), ③ 比率(비율), ④ 輸出(수출)
26 ① 면담, ② 분수, ③ 문화재, ④ 투표
27 ① 축척, ② 지층, ③ 시조, ④ 통일
28 ① 육지, ② 대응, ③ 장애, ④ 설득
29 ① 편지, ② 자연, ③ 여가, ④ 연상
30 ① 공경, ② 근거, ③ 선거, ④ 여운

77 제9회 기출 및 예상 문제 172~174쪽

1 ③ 2 ① 3 ② 4 ④ 5 ④
6 ① 7 ② 8 ② 9 ③ 10 ④
11 ② 12 ① 13 ③ 14 ③ 15 ①
16 ② 17 ④ 18 ② 19 ④ 20 ①
21 ③ 22 ③ 23 ② 24 ④ 25 ③
26 ② 27 ① 28 ① 29 ③ 30 ①
31 제목 제 32 창문 창 33 올 래 34 귀신 신 35 뒤 후 36 쌀 미 37 사라질 소 38 겨레 족 39 순박할 박 40 겨울 동 41 함께 공 42 갈 거 43 다행 행 44 학교 교 45 이길 승 46 急 47 重 48 銀 49 通 50 藥 51 元 52 과전 53 용기 54 고원 55 석유 56 음용 57 영년 58 친우 59 석양 60 양복 61 황견 62 개방 63 실의 64 동시 65 청록 66 노선 67 秋 68 席 69 春 70 見 71 淸 72 愛 73 美 74 우주 75 저금 76 태도 77 태양계 78 여운 79 투자 80 쾌적 81 통일 82 창의적 83 여행 84 强力 85 會堂 86 讀者 87 晝夜 88 表明 89 理→利 90 界→計 91 運 92 郡 93 對 94 士 95 車 96 短 97 歌 98 章 99 書 100 字

14 ① 역할, ② 상상, ③ 단체, ④ 약속
15 ① 지진, ② 구분, ③ 속담, ④ 공정
16 ① 건국, ② 배경, ③ 각도, ④ 선택
17 ① 근면, ② 시조, ③ 계산, ④ 침엽수
18 ① 곡선, ② 면담, ③ 공공, ④ 박람회
24 ① 전학, ② 종류, ③ 참정권, ④ 적극적
25 ① 기준, ② 권리, ③ 존중, ④ 합창
26 ① 공경, ② 규칙, ③ 가열, ④ 광고
27 ① 가정, ② 첨단, ③ 근거, ④ 전통
28 ① 자유, ② 문맥, ③ 비교, ④ 대응
29 ① 단정, ② 계절, ③ 경험, ④ 고유어
30 ① 긍정, ② 세금, ③ 이상, ④ 위성

정답 및 해설 • 실력 띵똥땡

78 제10회 기출 및 예상 문제 175~177쪽

1 ② 2 ④ 3 ① 4 ③ 5 ④
6 ② 7 ① 8 ③ 9 ④ 10 ③
11 ② 12 ① 13 ④ 14 ① 15 ③
16 ② 17 ④ 18 ① 19 ③ 20 ②
21 ② 22 ③ 23 ① 24 ③ 25 ②
26 ② 27 ① 28 ④ 29 ④ 30 ②
31 편할 편 32 마땅할 당 33 고기 육 34 저자 시 35 누를 황 36 다를 별 37 먹을 식 38 길 영 39 할아비 조 40 합할 합 41 秋 42 科 43 原 44 物 45 圖 46 每 47 韓 48 朝 49 犬 50 羊 51 속독 52 근성 53 죽도 54 견문 55 공통 56 작업 57 청음 58 군읍 59 혈족 60 재경 61 화급 62 대답 63 다감 64 등호 65 화합 66 청춘 67 예도 68 소거 69 이화 70 사활 71 後 72 形 73 步 74 近 75 部 76 勝 77 方 → 放 78 明 → 名 79 反省 80 發言 81 油田 82 冬服 83 幸運 84 극미세 85 기온 86 문화재 87 공공 88 독립 89 곡선 90 강수량 91 미소 92 관용 표현 93 관광객 94 결과 95 대응 96 계산 97 비례식 98 소극적 99 風 100 問, 答

21 ① 廣告(광고), ② 恭敬(공경), ③ 規則(규칙), ④ 根據(근거)
22 ① 汚染(오염), ② 肯定(긍정), ③ 衛星(위성), ④ 端正(단정)
23 ① 分類(분류), ② 文脈(문맥), ③ 比較(비교), ④ 比率(비율)
24 ① 收入(수입), ② 以上(이상), ③ 印象(인상), ④ 宇宙(우주)
25 ① 稅金(세금), ② 基準(기준), ③ 導體(도체), ④ 餘韻(여운)

79 최종 모의시험 180~182쪽

1 ② 2 ④ 3 ④ 4 ③ 5 ④
6 ② 7 ④ 8 ① 9 ③ 10 ④
11 ③ 12 ③ 13 ① 14 ② 15 ③
16 ① 17 ③ 18 ① 19 ② 20 ④
21 ④ 22 ① 23 ② 24 ② 25 ①
26 ④ 27 ④ 28 ② 29 ③ 30 ②
31 함께 공 32 돌이킬 반 33 나무 수 34 근본 본 35 물건 물 36 믿을 신 37 벗 우 38 길 로 39 은 은 40 거느릴 부 41 冬 42 近 43 放 44 强 45 所 46 室 47 高 48 邑 49 育 50 便 51 어육 52 작년 53 영재 54 하복 55 춘추 56 수석 57 회계 58 북경 59 농촌 60 중병 61 소거 62 자성 63 후손 64 번호 65 견문 66 신록 67 초야 68 명시 69 모근 70 성급 71 刀 72 式 73 直 74 交 75 書 76 成 77 題 → 第 78 大 → 對 79 半步 80 各別 81 電話 82 平和 83 同窓 84 표준어 85 인상 86 지진 87 활엽수 88 문맥 89 근면 90 질서 91 역할 92 박람회 93 공연 94 타협 95 면담 96 여가 97 첨단 98 지구촌 99 有, 無 100 淸, 風

21 ① 尊重(존중), ② 比例式(비례식), ③ 巖石(암석), ④ 戰爭(전쟁)
22 ① 貯金(저금), ② 微笑(미소), ③ 經驗(경험), ④ 自然(자연)
23 ① 家庭(가정), ② 陸地(육지), ③ 傳統(전통), ④ 輸出(수출)
24 ① 汚染(오염), ② 創意的(창의적), ③ 合唱(합창), ④ 旅行(여행)
25 ① 社會(사회), ② 結果(결과), ③ 選擇(선택), ④ 自由(자유)

준5급 교과서 한자어 일람표

'독음' 칸을 가리고 교과서 한자어를 바르게 읽어 보세요.
바르게 읽었다면 확인 칸에 ☑ 표시하고, 틀렸다면 다시 한 번 복습하세요.

독음	교과서 한자어	뜻	확인
가족	家族	家 집 가 / 族 겨레 족 혼인이나 혈연 등으로 이루어지는 집단. 또는 그 구성원	☑
각	角	角 뿔 각 면과 면이 만나 이루는 **모서리**	☑
감상	感想	感 느낄 감 / 想 생각 상 마음속에서 일어나는 **느낌**이나 **생각**	☑
경제	經濟	經 지날, 글 경 / 濟 건널 제 인간의 생활에 필요한 재화나 용역을 생산·분배·소비하는 모든 활동	☑
고체	固體	固 굳을 고 / 體 몸 체 일정한 모양과 부피가 있으며 쉽게 변형되지 않는 물질의 상태	☑
공공	公共	公 공변될 공 / 共 함께 공 국가나 사회의 구성원에게 두루 관계되는 것	☑
관광객	觀光客	觀 볼 관 / 光 빛 광 / 客 손님 객 관광하러 다니는 **사람**	☑
관찰	觀察	觀 볼 관 / 察 살필 찰 사물이나 현상을 주의하여 자세히 **살펴봄**.	☑
구애 행동	求愛行動	求 구할 구 / 愛 사랑 애 / 行 다닐 행 / 動 움직일 동 동물이 짝짓기를 하기 위해 상대를 유혹하며 **사랑을 구하는 행동**	☑
국보	國寶	國 나라 국 / 寶 보배 보 **나라의 보배**. 나라에서 지정하여 법률로 보호하는 문화재	☑
기사	記事	記 기록할 기 / 事 일 사 **일을 기록함**. 어떠한 사실을 알리는 글	☑
농촌	農村	農 농사 농 / 村 마을 촌 주민의 대부분이 **농업**에 종사하는 **마을**이나 지역	☑
답사	踏查	踏 밟을 답 / 查 조사할 사 현장에 **가서** 직접 보고 **조사함**.	☑
대분수	帶分數	帶 띠 대 / 分 나눌 분 / 數 셈 수 정수와 진분수의 합으로 이루어진 수	☑
대조	對照	對 대답할 대 / 照 비칠 조 둘 이상인 대상의 내용을 **맞대어** 같고 다름을 **검토함**.	☑
도시	都市	都 도읍 도 / 市 저자 시 **인구가 많고 번화한 지역**	☑

준5급 교과서 한자어 일람표

독음	교과서 한자어	뜻	확인
등고선	等高線	等 무리 등 / 高 높을 고 / 線 줄 선 지도에서 해발 고도가 같은 지점을 연결한 곡선	☑
문단	文段	文 글월 문 / 段 층계 단 여러 문장을 하나로 묶는 글의 단위	☑
문화재	文化財	文 글월 문 / 化 될 화 / 財 재물 재 문화 활동에 의하여 창조된 가치가 뛰어난 사물	☑
박람회	博覽會	博 넓을 박 / 覽 볼 람 / 會 모일 회 산업의 진흥을 꾀하기 위하여 온갖 물품을 모아 벌여 놓고 판매, 선전, 우열 심사를 하는 모임	☑
박물관	博物館	博 넓을 박 / 物 물건 물 / 館 집, 객사 관 고고학적 자료, 역사적 유물, 예술품 등을 수집·보존·진열하고 일반에게 전시하는 시설	☑
반성	反省	反 돌이킬 반 / 省 살필 성 잘못이나 허물이 없었는지 돌이켜 생각함.	☑
부도체	不導體	不 아니 불 / 導 인도할 도 / 體 몸 체 열이나 전기를 잘 전달하지 아니하는 물체	☑
분동	分銅	分 나눌 분 / 銅 구리 동 저울로 무게를 달 때, 무게의 표준이 되는 추	☑
상상	想像	想 생각 상 / 像 형상 상 실제로 경험하지 않은 현상이나 사물에 대하여 마음속으로 그려봄.	☑
선택	選擇	選 가릴 선 / 擇 가릴 택 여럿 가운데서 필요한 것을 골라 뽑음.	☑
소득	所得	所 바 소 / 得 얻을 득 얻은 것. 일한 결과로 얻은 정신적·물질적 이익	☑
소재	素材	素 흴 소 / 材 재목 재 어떤 것을 만드는 데 바탕이 되는 재료	☑
속담	俗談	俗 풍속 속 / 談 말씀 담 예로부터 민간에 전하여 오는 쉬운 격언이나 잠언	☑
시	詩	詩 글 시 감정이나 생각을 리듬 있게 쓴 글	☑
실천	實踐	實 열매 실 / 踐 밟을 천 생각한 것을 실제로 행함.	☑
액체	液體	液 진액 액 / 體 몸 체 일정한 부피는 가졌으나 일정한 형태를 가지지 못한 물질	☑

'독음' 칸을 가리고 교과서 한자어를 바르게 읽어 보세요.
바르게 읽었다면 확인 칸에 ☑ 표시하고, 틀렸다면 다시 한 번 복습하세요.

독음	교과서 한자어	뜻	확인
약속	約束	約 맺을 약 / 束 묶을 속 다른 사람과 앞으로의 일을 어떻게 할 것인가를 미리 정하여 둠.	☑
양보	讓步	讓 사양할 양 / 步 걸음 보 길이나 자리, 물건 따위를 **사양하여** 남에게 미루어 줌.	☑
역사	歷史	歷 지낼 력 史 역사 사 인간 사회가 **거쳐 온** 변천의 모습	☑
연상	聯想	聯 잇닿을 련 / 想 생각 상 하나의 관념이 다른 **관념을 불러일으키는** 현상	☑
연표	年表	年 해 년 / 表 겉 표 역사상의 사건이나 사실들을 일어난 **해**의 차례로 벌여 적은 **표**	☑
예금	預金	預 미리, 맡길 예 / 金 쇠 금 은행이나 우체국 따위에 **돈을 맡기는** 일	☑
예절	禮節	禮 예도 례 / 節 마디 절 **예의**에 관한 모든 **절차**나 질서	☑
유통	流通	流 흐를 류 / 通 통할 통 공기 따위가 막힘이 없이 **흘러 통함**. 화폐나 물품 따위가 세상에서 **널리 쓰임**.	☑
은행	銀行	銀 은 은 / 行 다닐 행 예금을 받아 그 돈을 자금으로 하여 대출, 어음 거래, 증권의 인수 따위를 업무로 하는 금융 기관	☑
음악	音樂	音 소리 음 / 樂 즐거울 락·풍류 악·좋아할 요 박자·가락·음색·화성 등을 갖가지 형식으로 조합하여 목소리나 악기로 표현하는 예술	☑
자료	資料	資 재물 자 / 料 헤아릴 료 연구나 조사 따위의 바탕이 되는 **재료**	☑
전지	電池	電 번개 전 / 池 못 지 전극 사이에 **전기** 에너지를 발생시키는 장치	☑
주제	主題	主 주인 주 / 題 제목 제 대화나 연구 따위에서 **중심**이 되는 **문제**	☑
지도	地圖	地 땅 지 / 圖 그림 도 **지구** 표면의 상태를 일정한 비율로 줄여 평면에 나타낸 **그림**	☑
지출	支出	支 지탱할 지 / 出 날 출 어떤 목적을 위하여 **돈을 지급하는** 일	☑
지층	地層	地 땅 지 / 層 층 층 오랜 세월이 흐르는 동안 여러 종류의 땅속 흙이 층을 이루면서 돌처럼 굳어진 것	☑

준5급 교과서 한자어 일람표

독음	교과서 한자어	뜻	확인
질서	秩序	秩 차례 질 / 序 차례 서 혼란 없이 순조롭게 이루어지게 하는 사물의 **순서나 차례**	☑
체조	體操	體 몸 체 / 操 잡을 조 신체 각 부분의 고른 발육과 건강의 증진을 위하여 일정한 형식으로 **몸을 움직임**. 또는 그 운동	☑
축척	縮尺	縮 줄어질 축 / 尺 자 척 지도에서의 거리와 지표에서의 실제 거리와의 비율	☑
토론	討論	討 칠 토 / 論 논할 론 어떤 문제에 대하여 여러 사람이 각각 의견을 말하며 논의함.	☑
퇴적	堆積	堆 쌓을 퇴 / 積 쌓을 적 암석의 파편 따위가 물이나 바람 따위의 작용으로 운반되어 일정한 곳에 **쌓이는 일**	☑
투표	投票	投 던질 투 / 票 표 표 **표를 던짐**. 투표용지에 의사를 표시하여 일정한 곳에 내는 일	☑
판매	販賣	販 팔 판 / 賣 팔 매 상품 따위를 **팖**.	☑
편견	偏見	偏 치우칠 편 / 見 볼 견 공정하지 못하고 한쪽으로 **치우친 생각**	☑
편지	便紙	便 편할 편 / 紙 종이 지 안부, 소식, 용무 따위를 적어 보내는 글	☑
한반도	韓半島	韓 나라 이름 한 / 半 절반 반 / 島 섬 도 아시아 대륙의 동북쪽 끝에 있는 반도	☑
행복	幸福	幸 다행 행 / 福 복 복 흐뭇하도록 만족하여 부족이나 불만이 없음.	☑
화석	化石	化 될, 변화할 화 / 石 돌 석 지질 시대의 동식물의 유해와 활동 흔적 등이 암석 속에 그대로 남아 있는 것	☑
화음	和音	和 화할, 화목할 화 / 音 소리 음 높이가 다른 둘 이상의 음이 함께 울릴 때 **어울리는 소리**	☑
화제	話題	話 말씀 화 / 題 제목 제 이야기의 제목	☑

5급 교과서 한자어 일람표

독음	교과서 한자어	쪽수
가열	加熱	127
가정	家庭	137
각도	角度	132
강수량	降水量	127
건국	建國	114
결과	結果	100
경제	經濟	112
경험	經驗	100
계산	計算	132
계절	季節	121
고유어	固有語	102
곡선	曲線	139
공경	恭敬	108
공공	公共	141
공연	公演	101
공정	工程	129
관광객	觀光客	129
관용 표현	慣用表現	103
광고	廣告	99
구분	區分	124

독음	교과서 한자어	쪽수
구애 행동	求愛行動	124
권리	權利	110
규칙	規則	133
극미세	極微細	123
근거	根據	97
근면	勤勉	108
긍정	肯定	99
기온	氣溫	121
기준	基準	134
단위	單位	132
단정	端正	137
단체	團體	115
대응	對應	133
도체	導體	128
독립	獨立	115
면담	面談	98
묘사	描寫	104
문맥	文脈	102
문화재	文化財	101
미소	微笑	138

독음	교과서 한자어	쪽수
박람회	博覽會	117
반도체	半導體	128
배경	背景	104
분류	分類	134
분수	分數	134
분포	分布	116
비교	比較	135
비례식	比例式	135
비율	比率	135
사법부	司法府	109
사회	社會	109
상상	想像	104
생태계	生態系	122
선거	選擧	111
선택	選擇	98
설득	說得	97
세금	稅金	112
소극적	消極的	140
속담	俗談	103
수입	收入	112

5급 교과서 한자어 일람표

독음	교과서 한자어	쪽수
수출	輸出	113
시조	時調	103
악기	樂器	138
암석	巖石	125
약속	約束	133
여가	餘暇	140
여운	餘韻	105
여행	旅行	129
역사	歷史	114
역할	役割	96
연상	聯想	139
오염	汚染	122
우주	宇宙	126
원인	原因	100
위성	衛星	126
육지	陸地	120
이상	以上	136
인상	印象	139
자연	自然	120
자유	自由	110

독음	교과서 한자어	쪽수
장애	障碍	141
저금	貯金	113
적극적	積極的	140
적응	適應	124
전쟁	戰爭	115
전통	傳統	116
전학	轉學	105
정보	情報	121
정치	政治	110
존중	尊重	98
종류	種類	127
지구촌	地球村	117
지진	地震	125
지층	地層	125
질서	秩序	109
참정권	參政權	111
창의적	創意的	120
첨단	尖端	128
초과	超過	136
축척	縮尺	116

독음	교과서 한자어	쪽수
침엽수	針葉樹	123
쾌적	快適	137
타협	妥協	108
태도	態度	97
태양계	太陽系	126
토의	討議	96
통일	統一	114
투자	投資	113
투표	投票	111
편지	便紙	99
표준어	標準語	102
합창	合唱	138
해결	解決	96
협동	協同	117
확률	確率	136
환경	環境	122
활엽수	闊葉樹	123

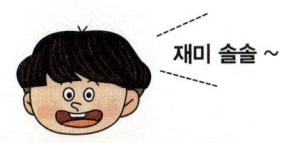

모바일 한자 카드 활용법

접속 → 저장 → 활용

01

언제 어디서든 쉽고 재미있게 5급 한자를
공부하고 싶다면 **모바일 기기로 아래의 QR코드에 접속 후
5급 한자 카드 파일**을 다운 받으세요.

QR코드를 스캔하면 모바일 한자 카드를 다운 받을 수 있어요.

⚠ 이 파일은 PPT 파일을 실행할 수 있는 애플리케이션(Microsoft PowerPoint)이 모바일 기기에 설치되어 있어야 합니다.

02

5급 한자 카드 파일을 연 후,
❶ **슬라이드 쇼를 실행(터치)**하고, ❷ 공부하고자 하는 **한자의 주제**를 선택하세요.

슬라이드 쇼를 시작하면 이렇게 모바일 한자 카드가 시작돼요!

03

한자를 보고, 우측에 제시된 두 개의 '뜻과 음' 중에서 알맞은 것을 선택(터치) 후 정답을 확인하세요.

- 상단의 🔵 ⚪ 아이콘을 누르면 해당 주제 한자 페이지로 넘어가요.
- ⏻ 버튼을 누르면 종료할 수 있어요.
- ◀ 버튼을 누르면 이전 한자 페이지로 넘어가고, ▶ 버튼을 누르면 다음 한자 페이지로 넘어가요.

퀴즈를 풀고 바로바로 확인하니 머리에 콕콕 새겨져요!

04

쉬는 시간, 이동 중 언제라도 쉽고 빠르게 5급 한자를 복습할 수 있어요.

나는 등교하는 버스 안에서 5급 한자를 익혔어.

나는 놀 때도 틈틈이 5급 한자를 익혔지.

▶ YouTube ᴷᴿ
씽씽 한자 자격시험 ♪

유튜브에서
씽씽 한자 자격시험 8·7·6·5급
한자·한자어 동영상을 볼 수 있어요.

▲ QR코드를 스캔하여 동영상 바로가기!

한자자격시험 답안지

준3급~6급 응시자용

(사)한자교육진흥회
한국한자실력평가원

주관 시행 **2 1**

주관식 답안란

문항	주관식 답안란	채점
31		○
32		○
33		○
34		○
35		○
36		○
37		○
38		○
39		○
40		○
41		○
42		○
43		○
44		○
45		○
46		○
47		○
48		○
49		○
50		○

※ 주관식 51 ~ 100번 답안란은 뒷면에 있음.

객관식 답안란

1	① ② ③ ④	16	① ② ③ ④
2	① ② ③ ④	17	① ② ③ ④
3	① ② ③ ④	18	① ② ③ ④
4	① ② ③ ④	19	① ② ③ ④
5	① ② ③ ④	20	① ② ③ ④
6	① ② ③ ④	21	① ② ③ ④
7	① ② ③ ④	22	① ② ③ ④
8	① ② ③ ④	23	① ② ③ ④
9	① ② ③ ④	24	① ② ③ ④
10	① ② ③ ④	25	① ② ③ ④
11	① ② ③ ④	26	① ② ③ ④
12	① ② ③ ④	27	① ② ③ ④
13	① ② ③ ④	28	① ② ③ ④
14	① ② ③ ④	29	① ② ③ ④
15	① ② ③ ④	30	① ② ③ ④

※ 답안지 작성요령

1. 객관식 답은 해당번호에 검정색 펜으로 표기
   ▲ 바른표기 예 : ●
   ▲ 틀린표기 예 : ⊙ ⊘ ⊗
2. 객관식 답을 수정할 때는 수정테이프를 사용
3. 주관식 답을 수정할 때는 두줄로 긋고 작성
4. 본 답안지를 구기거나 훼손하지 마시오.

응시등급

준3급 ○ 4급 ○ 준4급 ○ 5급 ○ 준5급 ○ 6급 ○

회차: 제 회
감독관 확인:
시명
성명

수험번호, 생년월일, 채점위원확인란(응시자표기금지), 총점, 재검

※ 응시자는 채점란의 ○표에 표기하지 마시오.

문항	주관식 답안란	채점
51		○
52		○
53		○
54		○
55		○
56		○
57		○
58		○
59		○
60		○
61		○
62		○
63		○
64		○
65		○
66		○
67		○
68		○
69		○
70		○
71		○
72		○
73		○
74		○
75		○
76		○
77		○
78		○
79		○
80		○
81		○
82		○
83		○
84		○
85		○
86		○
87		○
88		○
89		○
90		○
91		○
92		○
93		○
94		○
95		○
96		○
97		○
98		○
99		○
100		○

2/2